Kulturgeschichte
sehen lernen

Band 2

Gottfried Kiesow

Kulturgeschichte sehen lernen

Band 2

MONUMENTE Publikationen
der Deutschen Stiftung Denkmalschutz

Vorwort

„Man sieht nur, was man weiß." Diesen Satz Johann Wolfgang von Goethes könnte man als Widmung diesem Buch voranstellen und damit gleichzeitig die Aufgabe umschreiben, der sich Professor Gottfried Kiesow als Kunsthistoriker, Denkmalpfleger, Lehrender, Reiseleiter und natürlich als Vorsitzender der Deutschen Stiftung Denkmalschutz seit Jahrzehnten verschrieben hat.

So birgt der Titel dieses Buches ein Programm, das der Anschaulichkeit den Vorrang gibt: Das Sachwissen eröffnet sich im gespannten Blick auf die Details. Sie geben den Bauwerken ihre eigene unverwechselbare Gestalt und verraten manches über die Gedankenwelt ihrer Entstehungszeit. Wenn der Leser seinen Blick für jene Elemente geschärft hat, die Bautechnik, Baugeschichte und auch die Intention der Bauschaffenden sichtbar machen, wird ihm der Reichtum kulturhistorischer Zeugnisse offenbar. Je mehr er sieht und weiß, desto mehr wird ihn die Beschäftigung mit der geschichtlichen Dimension unserer gebauten Umwelt faszinieren. Von hier aus liegt der kleine Schritt zum Engagement für den Erhalt unserer Kulturlandschaft sehr nah.

Der erste Band „Kulturgeschichte sehen lernen" hat nicht nur einen großen Kreis begeisterter Leser gefunden, sondern auch viele Menschen unterschiedlichen Alters zur eigenen Begegnung mit Denkmalen angeregt. Wir sind sicher, daß dieser zweite Band, der wiederum 24 Beiträge aus der Zeitschrift MONUMENTE zusammenfaßt, die gleiche Wirkung hervorruft.

Bonn, im April 2001

Dr. Robert Knüppel,
Geschäftsführer der Deutschen
Stiftung Denkmalschutz

Inhalt

5 Vorwort

Wie sich eine Stadt im Spaziergang erschließt

10 Die Anatomie einer Stadt
13 Die Geburt einer Stadt
17 Von Freitreppen und Bürgerstolz

Was an Fachwerkfassaden zu entdecken ist

22 Römische Muscheln aus deutschem Holz
26 Wand kommt von gewunden
29 Volkskunst am Bauernhaus

Welche Einblicke mittelalterliche Kirchen gewähren

34 Ein Motiv auf Wanderschaft
37 Die Sonne und der Achsenknick
40 Der Erde entfliehen ins himmlische Jerusalem
45 Wie die französische Kathedralgotik an die Ostsee kam
50 Die Chorpolygone der späten Gotik

Wie Sie die Steine zum Sprechen bringen

54 Die Sprache der Steine
58 Vorboten des himmlischen Lebens
61 Von Löchern zum Lüften und Sparen
63 Zum Wegwerfen zu schade
67 In Stein gehauen für die Ewigkeit

Wie man Tiermotive deuten kann

72 Das Einhorn und die Unschuld
75 Böser Löwe – guter Löwe
79 Von der Jagd des Teufels nach der Seele
82 Die Seele ist ein Schmetterling

Was sich hinter Zahlen verbirgt

86 Ihre Heiligkeit die „Drei“
90 Begegnungen mit der „Vier“
93 Die „Sieben“ übertrifft alles
97 Es ist Zeit für die heilige „Zwölf“

101 Ortsverzeichnis
102 Literaturverzeichnis
104 Impressum

Wie sich eine Stadt im Spaziergang erschließt

Eine historische Stadt gleicht einer steinernen Chronik, deren Inhalt man erwandern kann, wenn man ihre Zeichen zu deuten weiß – so wie der Kenner schon beim Studium einer Partitur die Musik wahrnimmt. Auch die Geschichte einer Stadt läßt sich an vielerlei Motiven ablesen. Der Grundriß ist dafür unentbehrlich, gibt er doch die Stichworte, die sich zu einer Erzählung zusammenfügen lassen. Wenn erst der Blick geschärft ist, läßt sich mit seiner Hilfe leicht entschlüsseln, warum die Stadt genau an dieser Stelle entstand, wie ihre Geschichte verlief und wer hier eine bedeutende Rolle innehatte. Im Rundgang wird der geschulte Beobachter anhand vieler Details an Häusern, Straßen und Plätzen Stadtgeschichte erkunden, aber auch manches vom gesellschaftlichen Miteinander erfahren, das viel mehr als wir es heute gewohnt sind, privates und öffentliches Leben miteinander verband.

Die Anatomie einer Stadt

Die überwiegende Zahl unserer Städte entstand im 12. und 13. Jahrhundert, entweder allmählich und damit weitgehend planlos von einer Burg oder einem Kloster als Keimzelle ausgehend, oder planmäßig von einem Territorialherren angelegt. Zum ersten Typ gehört Fritzlar, über dessen Entstehungsgeschichte im folgenden Kapitel geschrieben wird. Gegen diesen nördlichsten Vorposten der Erzbischöfe von Mainz legte in der Entfernung eines Tagesritts deren ärgster Rivale, Landgraf Ludwig III. von Thüringen, nach 1194 die Stadt Melsungen an.

Wie man an ihrem regelmäßigen Grundriß erkennen kann (Abb. 1), erfolgte dies planmäßig. Wichtigstes Gliederungselement ist das Straßenkreuz aus der Fritzlarer und der Brükkenstraße mit der Kasseler und der Rotenburger Straße, in deren Schnittpunkt der quadratische Markt mit dem Rathaus in der Mitte liegt. Durch Parallelgassen einerseits zur Kasseler und Rotenburger Straße und andererseits zur Fritzlarer und Brückenstraße entstand ein regelmäßiges, wenn auch nicht geometrisch exaktes System von Baublocks. Von diesen wurde einer für

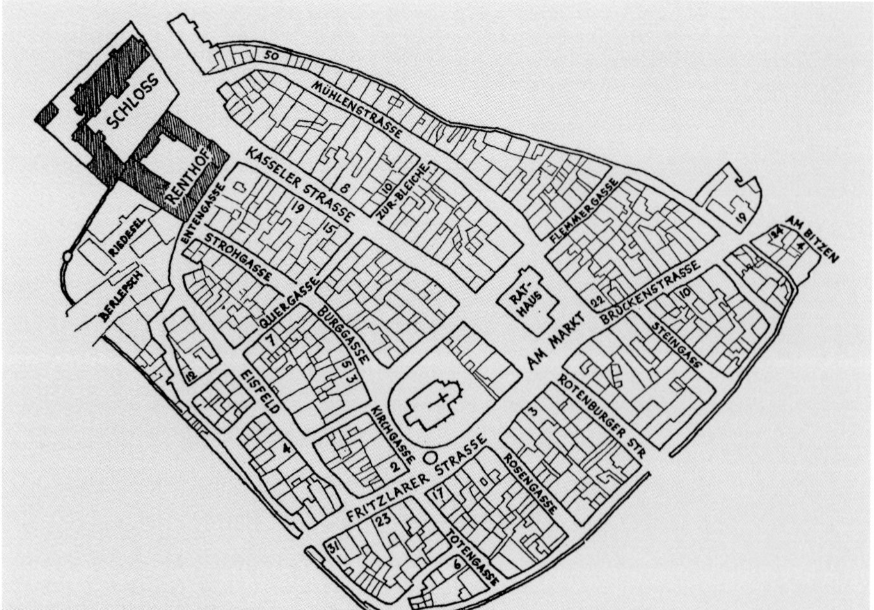

Abb. 1: Der Stadtgrundriß von Melsungen/Hessen zeigt eine planmäßig angelegte Stadt.

die Anlage des Marktes, der westlich daneben liegende für den Kirchhof ausgespart.

Für die planmäßige Neugründung von Städten bedienten sich die Landesherren siedlungswilliger Kaufleute, die in Urkunden als „locatores" bezeichnet werden und sich zur Schwurgilde der „conjuratores" mit zwölf oder 24 Mitgliedern zusammenschlossen. Zum Abstecken des Stadtgrundrisses und der Aufteilung der Bauflächen in Parzellen wurden wahrscheinlich jene Baumeister herangezogen, die später auch die Kirchen, Rathäuser und Stadtbefestigungen errichteten. Sie waren darin geübt, mit Hilfe von Maßbändern aus regelmäßig geknoteten Schnüren und Pflockzirkeln komplizierte Kirchen- und Klostergrundrisse anzulegen.

Wenn also der Stadtgrundriß von Melsungen – wie auch der fast aller anderen Städte des 12. und 13. Jahrhunderts – kein regelmäßig-gradliniges Raster aufweist, kann dies nicht auf Unbeholfenheit zurückgehen, sondern muß Absicht sein. Es war nämlich das Ziel, in sich geschlossene Straßen- und Platzräume zu schaffen, in denen sich das überwiegend in der Öffentlichkeit stattfindende Leben ungestört wie in einem Saalraum ohne Decken abspielen konnte. Daß es dabei auch galt, Zugluft zu vermeiden, erkannte schon der römische Architekt Vitruv, der im sechsten Kapitel seiner „Zehn Bücher über Architektur" aus der Zeit um 31 v. Chr. Anweisungen zur „Ausrichtung der Straßenzüge mit Rücksicht auf die Winde" gibt. Da im atlantischen Klima von Deutschland im Unterschied zum Mittelmeerraum nicht mit feststehenden Windrichtungen zu rechnen war, mußten sich die mittelalterlichen Städteplaner anderer Mittel zur Vermeidung von Zugluft in den Straßen und Plätzen bedienen.

Dies waren zum ersten die Krümmung von Straßen (Abb. 2), zum zweiten (Abb. 3) das Hineinragen

Abb. 2 und 3: Krümmung (oben) und unregelmäßige Kreuzung in Melsungen.

Abb. 4: Versetzte Einmündung in Melsungen.

von Häusern in die unregelmäßig ausgebildeten Kreuzungen und zum dritten das gegeneinander versetzte Einmünden von Seitengassen in Straßen (Abb. 4). Als solche wurden nur die bezeichnet, die zu Stadttoren und damit zu den über Land führenden Wegen führten, das andere waren Gassen. In Melsungen wird bis heute in den Bezeichnungen konsequent unterschieden.

Die Straßenkrümmung als Mittel für die optische Raumbegrenzung wurde in Melsungen bei der Fritzlarer, Kasseler und Mühlenstraße sowie bei der Quergasse angewandt, kommt aber in den meisten mittelalterlichen Städten vor, zum Beispiel bei der Lübschen Straße in Wismar, der Pölle in Quedlinburg, der Baldinger Straße in Nördlingen, der Grapengießerstraße in Lüneburg, der Neißstraße in Görlitz, um nur einige der unzähligen Beispiele zu nennen.

Ähnlich stark verbreitet sind unregelmäßige Kreuzungen, in die Gebäude ragen und so den Straßenraum abschließen, wie dies in Melsungen beim Blick vom Markt in die Mühlenstraße der Fall ist. Das Prinzip, Seitengassen nicht über die Einmündungen in eine Straße fortzusetzen, sondern die Verlängerung durch eine andere, in die gleiche Richtung führende Gasse seitlich versetzt anzuordnen, ist in der Stadt Melsungen bei der Toten-, Rosen- und Steingasse, aber auch in nahezu jedem anderen Stadtgrundriß jener Zeit zu finden.

Durch diese drei Gestaltungsprinzipien wird erreicht, daß der Blick nie in das Freie fällt, sondern stets auf Gebäude, die die Räume begrenzen. Dabei ist für das Wohlbefinden der Menschen innerhalb der Stadt außerdem ein harmonisches Verhältnis von der Platzgröße zur Höhe der Randbebauung von Bedeutung.

Nicht ohne Grund sind Weihnachts-, Jahr- und Wochenmärkte, oder Altstadtfeste, Wahlkampfveranstaltungen und Freilichtaufführungen auf mittelalterlichen Plätzen so beliebt. Keinem würde einfallen, diese auf den riesigen, von freistehenden Hochhäusern umstandenen Verkehrsplätzen des 20. Jahrhunderts – etwa dem Reuterplatz in Berlin – zu veranstalten: zum einen, weil man sich dort auf Grund der übermenschlichen Dimensionen winzig und verloren vorkäme, zum andern, weil man ständig jener Zugluft ausgesetzt wäre, die schon Vitruv als schädlich für die Gesundheit erkannte.

Die Geburt einer Stadt

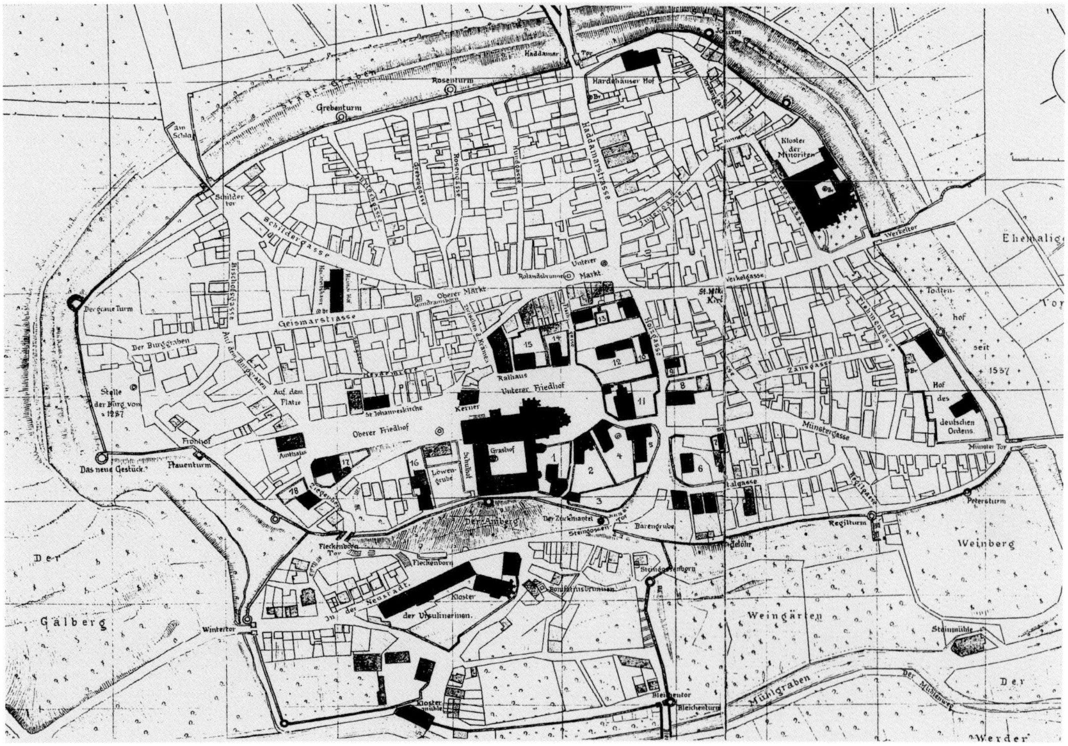

Abb. 1: Plan der Stadt Fritzlar/Hessen von 1806.

Durch vielerlei Motive läßt die Stadt ihre Geschichte sichtbar werden, der Grundriß ist dabei eine besonders wichtige Quelle. Bevor man eine Altstadt betritt, sollte man deshalb ihren Stadtplan studieren. Man findet ihn in Reiseführern oder Prospekten, leider häufig sehr schematisiert.

Am besten sind alte Stadtpläne aus einer Chronik, denn sie geben auch die ursprüngliche Struktur der Hausparzellen wieder, so zum Beispiel der Plan der Stadt Fritzlar nach einer Katasterkarte von 1806 (Abb. 1). Hat man sich die wichtigsten historischen Daten in Erinnerung gerufen, kann man die bauliche Entwicklung anschaulich nachvollziehen.

Im Mittelpunkt Fritzlars steht die große Stiftskirche (Abb. 2), die das Bild der hoch über dem Tal der Eder gelegenen Stadt auch heute noch beherrscht. Sie wurde zur Keimzelle der Stadt, nachdem Bonifatius 724 im nahen Geismar die Donar-Eiche gefällt und hier aus ihrem Holz die erste christliche

Abb. 2: Die Keimzelle Fritzlars war eine von Bonifatius erbaute Kapelle, an deren Stelle die romanische Stiftskirche steht.

Kapelle erbaut hatte. Wahrscheinlich gab es an dieser Stelle schon ein heidnisches Heiligtum der Chatten, denn die christlichen Missionare führten ihre Kirchenbauten bewußt an derartig symbolträchtigen Stellen aus, um so die Überlegenheit des christlichen Glaubens zu demonstrieren, aber auch um die Wandergewohnheiten der Bewohner zu einem vertrauten Ort zu nutzen. Die Holzkapelle von 724 wurde bereits 732 durch einen Steinbau ersetzt, der dem von Bonifatius gegründeten Benediktinerkloster als Kirche diente.

Das für die Stadtwerdung entscheidende Ereignis war die Umwandlung des Klosters in ein Chorherrenstift in der ersten Hälfte des 11. Jahrhunderts. Denn während Mönche die Gelübde der Frömmigkeit, Keuschheit, des Gehorsams und der Armut ablegen mußten, galten für Chorherren nur die ersten drei, nicht das des Verzichts auf irdische Güter. Auch mußten sie nicht wie Mönche ständig in der Abgeschiedenheit und Kargheit des Klosters leben, sondern konnten sich ringsherum ihre eigenen Höfe, Kurien genannt, erbauen. Im Grundriß sind sie schwarz angelegt und mit Ziffern von 1 bis 12 gekennzeichnet. Die meisten von ihnen sind erhalten geblieben und bestehen aus einem stattlichen Wohnhaus (Abb. 3, 4), einem Stall- und Remisengebäude und dem von einer hohen Mauer eingefaßten Hof. Zum Schutz vor räuberischem Gesindel wurde das ganze Stift mit einer Mauer abgeschlossen, die entlang der Holzgasse verlief. Die östlich davon gelegenen Kurien sind erst später erbaut worden, als bereits die Stadtmauer die Schutzfunktion übernommen hatte.

An der Nordseite des Stiftsbezirks legten reisende Kaufleute im Schutz der Mauer einen Handelsplatz an, den sie nur an bestimmten, meist mit christlichen Feiertagen verbundenen Markttagen nutzten. Die Fläche mußte möglichst groß sein, um Platz für viele Planwagen zu bieten, von denen aus der Verkauf erfolgte. Durch die Kreuzzüge wurde der Handel so verstärkt und bis in den Vorderen Orient hinein ausgedehnt, so daß sich feste Handelsplätze herausbildeten. Als sich die ersten Kaufleute in Fritzlar niederließen, lagen die begehrtesten Grundstücke natürlich am Markt. Um vielen den bevorzugten Standort zu ermöglichen, teilte man die Flächen in schmale, aber tiefe Parzellen auf. Heute noch kann man die ursprüngliche Baustruktur an der Ostseite

Abb. 3: Wohnhaus einer Kurie in Fritzlar.

Abb. 4: Apotheken-Kurie an der Fischgasse in Fritzlar.

Abb. 5: Der Marktplatz von Fritzlar.

des Unteren Marktes (Abb. 5) ablesen, insbesondere am mittleren Fachwerkbau, dem sogenannten „Kaufhaus" Markt 4 aus dem Jahre 1472. Die Bauplätze für neu zuziehende Kaufleute wurden immer knapper. So verkleinerte man den Marktplatz um die südliche, an die Stiftsmauer angrenzende Fläche und um den dreieckigen Zwickel in der Südwestecke. Dadurch wurde der Rechteckgrundriß des Marktes unregelmäßig und um die Hälfte kleiner. Man brauchte jetzt nicht mehr die große Fläche, da man die Waren in den Häusern lagerte und von Tischen oder von den Läden aus verkaufte.

Als auch alle Parzellen am verkleinerten Markt besetzt waren, ließen sich die Hinzuziehenden an den Einfallstraßen nieder. Diese verlaufen strahlenförmig aus allen Richtungen des Umlandes zum Zentrum, ganz nach den vielleicht schon vorgeschichtlichen Gehgewohnheiten. Sie wurden zum Gliederungsgerüst der langsam gewachsenen, nicht planmäßig angelegten Stadt. Nachdem auch die günstigen Plätze an den Einfallstraßen bebaut waren, das Areal der Stadt jedoch durch den Bau der Stadtmauer begrenzt wurde, fing man das weitere Bevölkerungswachstum durch das Bebauen aller hinteren, einst gärtnerisch genutzten Flächen auf. Auch dies erfolgte relativ planlos, nur nördlich des Marktes ist in der parallelen Führung der Greben-, Rosen- und Hundsgasse zur Haddamarstraße mit der Anlage zweier Quergassen eine gewisse Planmäßigkeit zu erkennen.

Der Zustrom vor allem aus dem ländlichen Raum nahm gemäß dem Motto der Zeit „Stadtluft macht frei" im 14. und 15. Jahrhundert sehr zu. Die Stadt kristallisierte zum rein steinernen Gebilde, nur um den Friedhof herum blieb ein Rest von Grün. Neben der Verdichtung in der Fläche mußte man nun auch in die Höhe bauen. Das „Kaufhaus" Markt 4 (Abb. 6) war vor 1472 wahrscheinlich nur zweigeschossig, jetzt wurde es neu mit vier Geschossen aufgeführt. Seine Schlankheit wird durch den polygonalen Mittelerker und den bekrönenden Dachreiter noch unterstrichen.

Als alle verfügbaren Flächen innerhalb der Stadtmauern vergeben waren, legte man im Süden noch vor 1280 eine Neustadt an, die ein selbständiges kommunales Gebilde mit eigenem Rat und eigener Mauer war und erst 1464 mit der Altstadt verschmolzen wurde. Sie war ursprünglich sicher dichter bebaut, hatte aber unter den Zerstörungen im Siebenjährigen Krieg 1761 besonders zu leiden. Bei dem anschließenden wirtschaftlichen Niedergang wurde sie nicht wieder bebaut, da die Grundstücke wegen des steil zur Eder abfallenden Geländes einen hohen Bauaufwand erfordert hätten.

Wenn die Flächen westlich der Stiftskirche so locker bebaut sind, so liegt dies daran, daß hier einst die Königspfalz Karls des Großen lag, über die die bürgerliche Stadt nicht verfügen konnte. Das gleiche gilt für den westlichen Bereich der Altstadt, in dem die Straßennamen Bischofsgasse, Auf dem Burggraben, Der Burggraben und Fronhof zu erkennen geben, daß hier einst die Burg des Landesherren – des Erzbischofs von Mainz – stand. Nach der Zerstörung durch den Landgrafen Konrad von Thüringen 1232 wurde mit ihrem Wiederaufbau begonnen, der später aber auf den Druck der Bürgerschaft hin eingestellt wurde.

Die Königspfalz, die erzbischöfliche Burg, die Klosterhöfe und die Freihöfe des Adels lagen unmittelbar hinter der Stadtmauer, deren jeweiligen Abschnitt die Eigentümer zu verteidigen hatten. Der Hardehäuser Hof im Norden neben dem Haddamar Tor und der

Abb. 6: „Kaufhaus“ am Markt 4 in Fritzlar.

Hof des Deutschen Ordens in der Südostecke des Mauerringes zeugen noch davon. Auch an der Stelle des Klosters der Minoriten am östlichen Stadtrand gab es einst einen befestigten Adelshof.

Da ein selbstbewußter Rat den Einfluß des Adels immer stärker einschränkte, zog dieser sich auf seine Burgen im Umland zurück und stiftete den Freihof den Franziskanern. Als der Orden sich 1237 in Fritzlar niederlassen wollte, waren schon alle Bauplätze besetzt, und so war er froh, sein Kloster wenigstens im Randbereich gründen zu können. Ähnlich war die Situation in den anderen mittelalterlichen Städten, weshalb man die Klöster der sogenannten Bettelorden fast nur im Randbereich hinter der Mauer findet.

Dieses und vieles andere mehr kann man dem Stadtgrundriß entnehmen. Vielleicht gelingt es Ihnen nach dieser Einführung, aus einem anderen historischen Plan Details der Geschichte einer Stadt herauszulesen.

Von Freitreppen und Bürgerstolz

Abb. 1: Hauseingänge in der Frauengasse in Danzig/Polen.

Abb. 2: Freitreppen in der Frauengasse in Danzig.

Die technischen und sozialen Entwicklungen im 19. Jahrhundert veränderten das Bild der Städte in bis dahin ungekannter Weise. Der wirtschaftliche Aufschwung nach der Reichsgründung 1871 bewirkte eine enorme Zunahme des Straßenverkehrs, so daß man sich gezwungen sah, Fahr- und Fußgängerverkehr voneinander zu trennen. Der öffentliche Bürgersteig wurde überall eingeführt, ihm mußte der halbprivate Bereich vor den Bürgerhäusern geopfert werden. Er wurde zuvor von den Kellerabgängen, Eingangsstufen zu den Haustüren und Beischlägen – das sind Terrassen mit Brüstungen und Freitreppen vor den Häusern – eingenommen. Der Straßenraum war dadurch viel reicher gegliedert und ausgestattet. Am besten gibt nach wie vor die Frauengasse in Danzig (Abb. 1) das ursprüngliche Bild eines historischen Straßenraums wieder.

Daß dies bis heute so ist, verdanken wir Karl Friedrich Schinkel. Ihn kann man als den ersten staatlichen Denkmalpfleger bezeichnen, denn er hatte schon 1815 dem preußischen König Friedrich Wilhelm III. den Vorschlag für die Gründung einer Denkmalschutzkommission gemacht, der allerdings nicht angenommen wurde.

Statt dessen beauftragte der König aber Schinkel in seiner Eigenschaft als Vorsitzender der Oberbaudeputation mit der Wahrnehmung des Denkmalschutzes. Bei einer Inspektionsreise durch die preußischen Provinzen 1834 freute sich Schinkel, in der vom Frauentor auf den Chor der Marienkirche in Danzig zulaufenden Frauengasse die alten Beischläge vorzufinden, für deren Rettung er bereits fünfzehn Jahre zuvor ein Gutachten erstellt hatte.

Im Zweiten Weltkrieg schwer beschädigt, wurden die Häuser der Frauengasse im heutigen Gdansk von der polnischen Denkmalpflege mit allen Details sorgfältig wieder aufgebaut. Vor den hochliegenden Erdgeschossen der Patrizierhäuser künden die altanartigen Beischläge von dem Bedürfnis der Bewohner, am Leben und Treiben auf der Straße teilzunehmen. Sie waren auch ein Ersatz für die im dicht bebauten Altstadtgebiet fehlenden Hausgärten. Die zum tieferliegenden Straßenniveau herabführenden Treppen und ihre Geländer werden durch Poller in Gestalt steinerner Kugeln oder Baluster vor der Beschädigung durch Pferdewagen geschützt (Abb. 2).

Vor einer der Freitreppen stehen zwei Beischlagwangen aus Stein, offensichtlich Kopien der beschädigten oder verlorenen Originale (Abb. 3). Zur Straßenseite hin stellen qualitätvolle Reliefs den Verkündigungsengel und die Jungfrau Maria unter Kielbogenbekrönungen dar. Sie schirmen den Terrassenbereich dort ab, wo die Bänke für die Hausbewohner zu stehen pflegten. Man wollte sehen, ohne ungewollt gesehen werden zu können.

Auf der Ostseite des Rathauses in Lübeck (Abb. 4) flankieren zwei Beischlagwangen beiderseits des Haupt-

Abb. 3: Beischlagwangen vor einer Freitreppe in der Frauengasse in Danzig.

Abb. 4: Beischlagwange vor dem Rathaus in Lübeck/ Schleswig-Holstein.

Abb. 5: Beischlagwangen Am Sand 16 in Lüneburg/Nieders.

portals die dort stehenden Bänke. Sie wurden 1452 aus Bronze gegossen und stellen einen thronenden Kaiser und einen Wilden Mann dar, die wohl als Hinweise auf die Reichsfreiheit der Stadt zu deuten sind.

Allgemein herrschten aber bei den spätmittelalterlichen Beischlagwangen die religiösen Themen vor, so bei den beiden aus der Zeit um 1520

Abb. 6: Beischlagwangen Am Stintmarkt 12 in Lüneburg.

bis 1530, die man in Stade im Museum aufbewahrt. Auf der einen ist St. Andreas, auf der anderen St. Georg dargestellt, darunter bruchstückhaft noch die Wappen wohl der Hauseigentümer. Diese tauchen auch bei der Apotheke in Lüneburg, Am Sand 16 (Abb. 5), auf. Sie sind von gotischem Rankenwerk umgeben und daher in die Zeit um 1500 zu datieren. Die ursprüngliche Sitzposition der Hausbewohner ist bei diesem Beispiel noch gut nachzuvollziehen, desgleichen beim Haus Am Stintmarkt 12 in Lüneburg (Abb. 6), hier malerisch belebt durch die Rosenstöcke. Bei diesem Bild kann man Schinkels Bedauern darüber verstehen, daß 1834 in Danzig Grünpflanzen oder Blumen auf den Beischlägen nicht gestattet waren.

Einmal darauf aufmerksam gemacht, entdeckt man Beischlagwangen auch in der Fährstraße von Stralsund, in Hameln und anderen Städten. Vielleicht hat man sich wegen ihrer kunstfertigen Gestaltung nicht von ihnen trennen mögen. Losgelöst vom ursprünglichen Aufstellungsort werden sie jedoch häufig als Grabstelen mißdeutet.

Nachdem unsere historischen Stadtzentren verkehrsberuhigt worden sind, werden die Flächen vor den Häusern verstärkt wieder halböffentlich genutzt und in unterschiedlicher Qualität geschmückt. Straßencafés grenzt man dabei vielfach durch hölzerne Brüstungen an erhöhten Podesten ab. Es sind dies die Nachkommen der Beischläge, jedoch auf die reine Zweckform reduziert, während man in der historischen Stadt auch jede praktische Einrichtung zur künstlerischen Gestaltung nutzte.

Was an Fachwerkfassaden zu entdecken ist

„Geschnitzte Kulturgeschichte“ könnte man das Fachwerk nennen, denn wer sich auf Spurensuche begibt, wird in den verschiedenen Kulturlandschaften Deutschlands eine Fülle von Erscheinungsformen aus allen Stilepochen entdecken. Fachwerk prägt viele historische Städte, findet sich überall auf den Dörfern und erfreut sich wegen seiner anheimelnden Gestalt einer hohen Beliebtheit. Der Genuß wird um so größer, je mehr man die Technik, die Qualität und das Alter des Fachwerks bestimmen kann und der Blick auch die einfallsreich und mit handwerklicher Präzision angebrachten Details einfängt. Dabei wird man immer wieder neue Einzelheiten finden und Zusammenhänge erkennen zwischen dem praktisch Notwendigen und dem Wunsch nach Bereicherung durch vielseitige Schmuckformen, die aus der Volkskunst erwachsen sind.

Römische Muscheln aus deutschem Holz

Mit den Beiträgen über die Abbundzeichen und über verputztes Fachwerk habe ich in Band 1 von „Kulturgeschichte sehen lernen“ bereits einiges zur Konstruktion und dem späteren Umgang mit dem Fachwerk

Abb. 1: Gotische Knaggen am Haus Rote Straße 25, Göttingen/ Niedersachsen.

Abb. 2: Verzierte Knaggen am Haus „Bracken“, Bad Gandersheim/ Niedersachsen.

angemerkt. An dieser Stelle will ich nun versuchen, kurze Hinweise zur Altersbestimmung von Fachwerkbauten zu geben. Dafür eignet sich besonders die Zone der Vorkragungen zwischen den Geschossen, die in den einzelnen Stilepochen auf besondere Weise gestaltet wurde.

Zusätzlich gibt es allerdings auch noch vielfältige Abweichungen und Eigenarten in den sehr verschiedenen Kulturlandschaften Deutschlands. Die Grobeinteilung in oberdeutsches, mitteldeutsches und niederdeutsches Fachwerk reicht nicht aus. Unterteilungen in alemannisches, fränkisches, rheinisches, hessisches, thüringisches usw. kommen hinzu. Zur Vereinfachung beschränke ich die Datierungshinweise auf den Harz und direkt angrenzende Bereiche.

Das Haus Rote Straße 25 in Göttingen (Abb. 1) gehört zu den ältesten bisher erkannten Fachwerkbauten in Deutschland. Durch die Altersbestimmung mit Hilfe der Jahresringe (Dendrochronologie) ist es auf 1276 datiert, 1424 wurde es umgebaut. Die vorkragenden Deckenbalken des zweiten Obergeschosses werden durch sogenannte Knaggen in Form eines gekehlten Holzes im Winkel zu den Ständern abgestützt, ein gutes Merkmal zum Erkennen gotischer Fachwerkbauten. Bei den ältesten Beispielen sind alle Formen allein aus der Fachwerk-Konstruktion entwickelt.

Abb. 3: Fußwinkelhölzer am „Brusttuch" in Goslar/ Niedersachsen.

Noch in der Spätgotik zeichnet sich das Bedürfnis nach Schmuckformen ab, so beim 1473 gebauten Haus „Bracken", Markt 8, in Bad Gandersheim (Abb. 2), wo die Knaggen und Ständer mit Figuren und die Schwelle mit einer sehr dekorativ wirkenden Inschrift verziert worden sind. Zur besseren Stabilität haben die Ständer (das sind die senkrechten Stützen) schräge Fußstreben erhalten. Diese werden beim 1526 erbauten „Brusttuch" in Goslar (Abb. 3) in Fußwinkelhölzer verwandelt, die den gesamten Zwikkel zwischen den vertikalen Ständern und der horizontalen Schwelle ausfüllen. Sie boten dem Bildschnitzer den Raum für seinen überreichen Bildschmuck, der auch die Ständer und Knaggen überzieht und für den er Bildvorlagen des Malers Hans Burgkmair d. Ä. (1473–1532) aus Augsburg verwandte.

Das starke Schmuckbedürfnis der Renaissance prägt auch die 1547–1549 umgestaltete „Junkernschänke", Barfüßerstraße 5, in Göttingen (Abb. 4). Hier äußert sich der Einfluß des hessisch-thüringischen Fachwerkstils im Weserraum, für den die Andreaskreuze in den Feldern zwischen Schwelle, Brustriegel (das ist das Querholz unterhalb der Fenster) und Ständern charakteristisch sind.

Waren in der Gotik die Räume zwischen den Balkenköpfen durch Putz, waagerechte oder schräge Bretter ausgefüllt, so treten jetzt an dieser Stelle die profilierten Füllhölzer auf, hier in Gestalt sogenannter Schiffs-

Abb. 4: Renaissanceschmuck an der „Junkernschänke" Barfüßerstraße 5, Göttingen/ Niedersachsen.

Abb. 5 (oben): Fächerrosetten, Breite Straße 5, Quedlinburg/ Sachsen-Anhalt.

Abb. 6: Muschelmotiv im römischen Theater in Arles/ Frankreich.

Abb. 7: Muschelmotiv, „Rattenfängerkrug", Bäckerstraße16, Hameln/Nieders.

Abb. 8 (rechts): Muschel und Rosette am Haus Fischpfortenstr. 11, Hameln.

kehlen, die auch in die Schwelle eingeschnitzt worden sind.

Kennzeichnend für das Fachwerk des Harzraumes und von dort ausstrahlend bis Westfalen und Hessen sind die Fächerrosetten auf den Fußwinkelhölzern. Ein frühes Beispiel zeigt das Haus Breite Straße 51 in Quedlinburg (Abb. 5), datiert 1554. Leider mußte ein Teil der Fußwinkelhölzer mit den Rosetten weichen, als die Fenster vergrößert wurden. Das Rosettenmotiv stammt letztendlich von den Muschelbekrönungen römischer Bauten ab, wie ein Detail vom Theater in Arles (Abb. 6) zeigt. Von römischen Vorbildern gelangte die Muschelbekrönung über die italienische in die deutsche Renaissance, so an die Fassade des „Rattenfängerkruges" in Hameln, Bäckerstraße 16 (Abb. 7), errichtet 1568. Beim Haus Fischpfortenstraße 11 (Abb. 8) kann man bei der linken Rosette noch die Herkunft von der Muschel erkennen, bei der rechten ist der Wandel zur Fächerrosette bereits erfolgt. Die Füllhölzer werden hier als gedrehte Taustäbe ausgebildet.

Fächerrosetten sind für das Fachwerk in der zweiten Hälfte des 16. Jahrhunderts typisch. Nach 1600 treten an ihre Stelle geschlossene Brüstungstafeln, verziert durch Flachschnitzereien. In Quedlinburg ist dieser Wandel beim Vergleich der Häuser Breite Straße 51 (Abb. 5) von 1554 mit Breite Straße 39 von 1612 (Abb. 9) sehr anschaulich abzulesen. Die Flachschnitzereien erinnern an das Beschlagwerk der Steinarchitektur, die von nun an immer stärker den

Abb. 9: Barocke Brüstungstafeln am Haus Breite Straße 39, Quedlinburg/ Sachsen-Anhalt.

Abb. 10 (rechts): Mitte des 17. Jh.: Orientierung an Steinarchitektur, Kirchstraße 59, Bad Sooden-Allendorf/ Hessen.

Abb. 11 (links): Um 1700: Rauten in den Brüstungsfeldern, Pölkenstraße 19, Quedlinburg.

Holzbau beeinflußt, so beim Haus Kirchstraße 59 in Bad Sooden-Allendorf von 1642–1644 (Abb. 10). Die Voluten der Steinarchitektur sind beim Erker an die Stelle der einstigen Knaggen getreten, Säulen mit ionischen Kapitellen und Gebälk rahmen das darunter liegende Fenster, Eierstäbe und Perlschnüre gliedern die Füllhölzer.

Zum Ende des 17. Jahrhunderts wird das Fachwerk immer schmuckloser, wie ein 1693 entstandenes Haus in der Pölkenstraße von Quedlinburg (Abb. 11) beweist. Der Schmuck reduziert sich von nun an auf Rauten in den Brüstungsfeldern sowie profilierte Balkenköpfe und Füllhölzer, von der Mitte des 18. Jahrhunderts an fallen auch diese weg. Das Fachwerk wird danach nur noch als preiswerte Bauweise angewandt und verliert durch das Überputzen seine originäre Gestalt.

Wand kommt von gewunden

Abb. 1: Römisches Flechtwerk. Rekonstruktion auf dem Magdalensberg/ Kärnten.

Abb. 2 (rechts): Ausfachung in Bruchstein, Niederurff/ Hessen.

Bei Fachwerkbauten nennt man die Flächen zwischen den senkrechten Ständern und waagerechten Riegeln Gefache. Sie können auf unterschiedliche Weise ausgefüllt sein, die älteste Art ist in Deutschland das Flechtwerk, das schon bei den Römern bekannt war, wie eine Rekonstruktion nach den Grabungsbefunden auf dem Magdalensberg in Kärnten zeigt (Abb. 1).

Der römische Architekturtheoretiker Vitruv beurteilt diese Bauweise im 2. Buch seiner ab 33 v. Chr. verfaßten „de architectura“ im 8. Kapitel, Abschnitt 20, allerdings negativ: „Fachwerk, wünschte ich, wäre nie erfunden. Soviel Vorteil es nämlich durch die Schnelligkeit seiner Ausführung und durch die Erweiterung des Raumes (wegen der Dünnheit der Wände) bringt, um so größer ist der Nachteil, den es bringt, weil es bereit ist zu brennen wie Fackeln ... Auch macht das unter Verputz liegende Fachwerk durch die senkrechten und querliegenden Balken am Verputz Risse.“ Vom Mittelalter bis zur Gegenwart teilt man diese Abneigung des römischen Architekten nicht, der natürlich die Monumentalität augusteischer Quaderbauten bevorzugte.

Bei unseren Fachwerkbauten gibt es auch Ausfachungen in Bruchstein (Abb. 2, Niederurff/Schwalm-Eder-Kreis) und Backsteinen (Abb. 3, Neuer Weg, Quedlinburg), am stärksten ist jedoch das Flechtwerk (Abb. 4, Schotten/Vogelsbergkreis) verbreitet.

Es besteht aus senkrechten Spaltbohlen, die in Einkerbungen an der Unterbeziehungsweise Oberseite der Riegel eingespannt sind und zwischen die dann waagerecht Weidenruten gewunden wurden. Davon leitet sich das deutsche Wort Wand ab, im Unterschied zur Mauer, die aus Steinen gemauert wird. Auf dieses Flechtwerk wird innen und außen ein Bewurf aus Lehm aufgebracht, den man zur Armierung mit gehäckseltem Stroh mischt. Geglättet ist dieser Lehmbewurf von so großer Schönheit (Abb. 5, Wald-Amorbach), daß man ihn nach unserem Geschmack einfach so stehen lassen könnte.

Vom Mittelalter bis in die jüngste Vergangenheit hat man den geglätteten Lehmbewurf mit einem dünnen Schlämmputz aus Kalk versehen, dessen Oberfläche bündig mit der der Fachwerkhölzer abschließen muß. Gelegentlich sieht man jedoch brettartig hervorstehende Putzfelder (Abb. 7, Schotten/Vogelsbergkreis), deren Kanten auch noch exakt mit der Dachlatte abgezogen worden sind. Dies ist in seiner Perfektion nicht nur häßlich, sondern auch eine Quelle baldiger Schäden, denn zwischen den vorstehenden Putzfeldern bildet sich durch das unterschiedliche Ausdehnungsverhalten von Holz und Putz stets ein feiner Riß, in den von oben Regenwasser eindringen und bei Frost das Putzfeld absprengen kann. Diesen bauphysikalischen Fehler hat der Handwerker nicht ganz freiwillig begangen. Er fand nämlich nicht mehr die originalen Lehmstakungen, sondern als jüngeren Ersatz bündige Backsteinausfachungen vor, die für einen gesamten Putzüberzug über die Gefache und auch über die Hölzer hinweg gedacht waren.

Abb. 4: Ausfachung mit Flechtwerk, Schotten/Hessen.

Abb. 3: Ausfachung mit Backsteinen, Quedlinburg/Sachsen-Anhalt.

Abb. 5: Lehmbewurf, Wald-Amorbach/Hessen.

Abb. 6: Überputztes Fachwerk, Delkenheim/ Hessen.

Über die Gründe für dieses nachträgliche Überputzen von Sichtfachwerk habe ich bereits in Band 1 berichtet. Ein anschauliches Beispiel dafür ist der Giebel eines Hauses in Wiesbaden-Delkenheim (Abb. 6), bei dem der nachträglich über Fachwerkhölzer und Ausfachungen aufgebrachte Putz – wie von Vitruv vorausgesagt – Risse bekam, sich durch das eindringende Regenwasser vom Untergrund löste und schließlich abfiel, so daß sich hier das Fachwerk selbst freilegte. Außer der ursprünglichen Rotfärbung der Hölzer wird dabei auch der originale, bündige Putz auf den Lehmstakungen sichtbar. In einigen Feldern wurde das Flechtwerk durch Backsteinausfachungen ersetzt. Wollte man hier das Fachwerk sichtbar machen, hätte man keinen Raum für einen bündigen Putz und müßte wie bei Abb. 7 die Putzfelder brettartig vorstehen lassen. Man kann jedoch auch in einer solchen Zwangslage die schlimmsten Fehler vermeiden, wenn man die Kanten der Putzfelder schräg zur Fläche abzieht, wie dies bei einem Haus in Wiesbaden-Naurod geschehen ist (Abb. 8).

Wie die Putzflächen in den einzelnen Kunstepochen strukturiert oder bemalt worden sind, lesen Sie im nächsten Beitrag.

Abb. 7 (links): Vorstehende Putzfelder, Schotten/Hessen.

Abb. 8 (rechts): Abgeschrägte Putzfelder, Wiesbaden-Naurod/Hessen.

Volkskunst am Bauernhaus

Der Wunsch nach einer vielseitigen Gestaltung der Oberflächen in den Gefachen schuf einfallsreiche, volkstümliche Dekorationen, die mit einfachsten Techniken aufgebracht werden konnten. Dem Betrachter fallen sie oft erst beim zweiten Hinsehen auf, wenn sein Blick soweit geschärft ist, daß er auch auf diese Details achtet.

Bei bäuerlichen Nutzbauten im ländlichen Raum deckte man das Flechtwerk in den Gefachen zunächst mit einem einfachen Lehmputz ab, den man mit einem Holzkamm an der geglätteten Oberfläche aufrauhte, um eine Haftbrücke für den darüber geplanten Kalkputz zu schaffen, wie an einem Fachwerkhaus am Fischmarkt in Limburg (Abb. 1) während der Bauarbeiten zu erkennen war. Der hier bei der Restaurierung neu geschaffene Lehmputz zeigt die traditionelle Art der Verarbeitung.

Mit diesem einfachen Lehmputz hat man sich aber vielfach nicht begnügt, sondern in den noch feuchten, weichen Lehmputz allerlei Ornamente mit Hilfe eines Holzstabes eingedrückt, so wie dies an einer Scheune im hessischen Schotten-Eichelsachsen/Vogelsbergkreis (Abb. 2) gut erhalten ist. Man erkennt stilisiert dargestellte Tiere und Pflanzen, eingefaßt von einem Rahmenprofil. Ob hier eine weiße Kalkschlämme vorhanden war und abgewittert ist, kann man nicht mehr ablesen.

Abb. 2 (oben): Scheune in Schotten-Eichelsachsen/Hessen.

Abb. 1 (links): Aufgerauhter Lehmputz, Am Fischmarkt 14, Limburg/Hessen.

Abb. 3: Stipputz an einer Scheune in Herzhausen/ Hessen.

Bei einer Scheune in Herzhausen/ Kreis Marburg-Biedenkopf (Abb. 3) liegt auf dem Unterputz aus Lehm ein Kalkputz, in den hinein geometrische Felder, besetzt mit Kreisen, eingedrückt worden sind. Die plastische Wirkung der vertieften Teile wurde durch eine Art von Schraffur verstärkt, die der erhabenen Stellen durch die Kalkschlämme hervorgehoben.

Neben diesem Verfahren zur Verzierung der Gefache, das Stipputz genannt wird, konnte man früher häufig den Kratzputz beobachten, der jetzt leider sehr selten geworden ist, da die originalen Putzfelder aus Mangel an Pflege abgefallen sind. Für die Herstellung neuer Putzfelder mit den traditionellen Techniken fehlen heute die geeigneten Handwerker. Sie könnten zwar in den Weiterbildungszentren für Handwerk und Denkmalpflege ausgebildet werden, doch die Nachfrage nach diesen Fertigkeiten ist nicht mehr gegeben. In Bellnhausen/Kreis Marburg-Biedenkopf (Abb. 4) wurde vor mehr als dreißig Jahren ein besonders schöner Kratzputz fotografiert, der mit seinen Blumen und Rankenmustern an Stickereien, gewebte Tischwäsche oder bemalte Bauernmöbel erinnert.

Bei dieser Technik wurde der Putz in einer unteren dunklen und einer oberen hellen Lage aufgetragen, dann die obere so herausgekratzt, daß sich vor dem dunklen Untergrund helle Ornamente oder Figuren abheben. Dies kann flächig oder, wie in einem anderen Beispiel aus Herzhausen (Abb. 5), auch im Flachrelief erfolgen.

Im Grunde ist es die Technik des italienischen Sgrafitto, nur für den bescheideneren Zweck von der höfischen Kunst in die Volkskunst übertragen. Das trifft auch für die Ornamentik selbst zu, die ihre eigene Qualität besitzt und die man nicht an den Ergebnissen hauptberuflicher, akademisch geschulter Künstler messen darf. Es waren die Bauern selbst oder Handwerker, die häufig zugleich eine kleine Landwirtschaft betrieben und die sich trotz schwerer körperlicher Arbeit und bescheidener Lebensumstände die Freude an der Verschönerung ihrer Umwelt bewahrt hatten. Dabei verfügten sie trotz fehlender Ausbildung über eine geradezu traumhafte gestalterische Sicherheit, wie man sie auch an den Bemalungen alter Bauernmöbel feststellen kann.

Abb. 4: Kratzputz in Bellnhausen/ Hessen.

Die Industrialisierung mit dem Vordringen von Fertigprodukten hat diese Volkskunst restlos zerstört, der Baustoffhandel und die Fertighausindustrie unserer Zeit, die ihre Produkte bundesweit ohne Rücksicht auf die Verschiedenheit der Kunstlandschaften zwischen Alpen und Nordsee verbreiten, haben das ihrige dazu beigetragen. Die Perfektion neuer Produkte mit ihrer pflegeleichten Glätte prägt den Geschmack der Landbevölkerung noch stärker als den der Bürger in der Stadt und ließ die historischen Kratz- und Stipputze nahezu restlos verschwinden.

Ornamente der Volkskunst lassen sich zeitlich schwer einordnen, da es für die bescheidenen Nutzbauten keine urkundlichen Nachrichten, häufig auch keine Bauinschriften gibt. Gegenüber den fest datierten Vorbildern der städtischen Baukunst muß man wegen der eher konservativen Grundhaltung des Dorfes mit beachtlichen zeitlichen Verschiebungen rechnen. So wären die abgebildeten Beispiele dem 18. oder 19. Jahrhundert zuzuordnen.

Abb. 5: Reliefartiger Kratzputz in Herzhausen/ Hessen.

Dagegen kann das Beispiel für die Strukturierung von Putzfeldern eines städtischen Fachwerkhauses im hessischen Bad Hersfeld, Kirchplatz 5 (Abb. 6) durch die dendrochronologische Altersbestimmung des Bauholzes auf etwa 1452 eingegrenzt werden. Bei der von 1977 bis 1979 durchgeführten

Abb. 6 (links) und 7: Gotische Putzreste, Kirchplatz 5, Bad Hersfeld/ Hessen.

Instandsetzung entdeckte man unter späteren Putzlagen den originalen gotischen Putz. An der dem Kirchplatz abgewandten Langseite hatte er dadurch eine besondere Struktur erhalten, daß man im feuchten Zustand mit einem dreieckigen Holz ein Muster eingedrückt hatte. In einem Gefach im obersten Geschoß der Fassade (Abb. 7) wurde ein Schachbrettmuster aus zwei Lagen unterschiedlich dunklen Putzes herausgekratzt. Wegen der hohen Kosten konnte man die anderen Gefache nicht nach diesem mittelalterlichen Vorbild rekonstruieren, hat sie aber vorbildlich mit einem heute in der Denkmalpflege empfohlenen Kellenputz versehen.

Dabei kommt es darauf an, dem Putz jene natürliche Oberflächenbewegung zu lassen, die beim Verputzen allein mit der Kelle und ohne Einsatz moderner Reibebretter von ganz allein entsteht. Eine für heutige Neubauten geforderte, absolut glattgezogene Putzoberfläche würde nicht zu den ungleichmäßigen, ganz im natürlichen Wuchs der Stämme belassenen Ständern, Riegeln und Schwellen passen. Diese sind nicht aus einem dicken Stamm glatt herausgesägt, sondern mit der Breitaxt aus dem Rundholz zu einem rechteckigen Querschnitt bearbeitet worden. Die Bearbeitungsspuren und Altersrisse verleihen dem Eichenholz eine lebendige Oberfläche, die in den Putzfeldern mit leicht bewegter Oberfläche und dem Spiel von Licht und Schatten eine Entsprechung findet.

Es wird nicht leicht sein, ähnliche Beispiele wie die hier gezeigten aufzuspüren, doch mit geschärftem Auge werden Sie, verehrte Leser, vielleicht manche Entdeckung machen und sich dabei auch ein Urteil über die unterschiedlichen Qualitäten zeitgenössischer Putzfelder bilden können.

Welche Einblicke mittelalterliche Kirchen gewähren

Hat der Betrachter mit erstem Staunen die Architektur einer mittelalterlichen Kirche auf sich wirken lassen, fällt das Auge auf jene Elemente, die jedem Bauwerk seine unverwechselbare Gestalt geben. Wer genau hinschaut, entdeckt manche Ungereimtheit: Warum sind in einem Chorumgang zwei Kapitelle übereinander gesetzt? Warum blieben romanische Pfeiler in der gotischen Kathedrale erhalten? Die Antworten auf diese Fragen führen zum Verständnis der Bautechnik. Sie geben darüber hinaus wichtige Hinweise auf die Gedankenwelt, die für die Bauwerke „maß"geblich war. Verfolgt man die Entwicklung von Motiven und Gestaltungsideen, die unabhängig von heutigen Grenzen entstanden sind, werden die gemeinsamen europäischen Wurzeln unserer Kultur sichtbar, und es wird zu einer spannenden Aufgabe, mit detektivischem Auge die Zusammenhänge zu entdecken.

Ein Motiv auf Wanderschaft

Abb. 1 (links): Hufeisenfries an der ehemaligen Moschee in Toledo/Spanien.

Verfolgt man ein Architekturmotiv, zum Beispiel den Kreuzbogenfries, auf seiner Wanderung von Spanien über Italien nach Deutschland, so wird deutlich, wie eng bereits im Mittelalter in Europa die kulturellen Bindungen zwischen den einzelnen Ländern waren. An der im Jahr 999 erbauten ehemaligen Moschee in Toledo (Abb. 1) taucht der Kreuzbogenfries zum erstenmal auf. Er besteht aus Hufeisenbögen, die sich zur Hälfte ihrer Breite überschneiden. Nach der Eroberung Toledos 1085 durch die Christen wurde aus der Moschee die Kirche Cristo de la Luz. Man erweiterte sie 1187 um einen Chor und übernahm dabei die Backsteintechnik von den Mauren.

Beim Bau der nahegelegenen Puerta del Sol im 12. Jahrhundert (Abb. 2) taucht das Motiv des Kreuzbogens wieder auf, jetzt in der abendländischen Form aus der Durchdringung von Rundbögen. Pilger nach Santiago de Compostela oder Kreuzritter, die an der „Reconquista", der Befreiung Spaniens von den Mauren, teilgenommen hatten, brachten das Motiv nach Norditalien. Dort war es im 12. Jahrhundert sehr verbreitet, so an Sant'

Ambrogio in Mailand sowie an den Domen von Modena, Vercelli und Fidenza (Abb. 3). Die Backsteintechnik wurde um die Mitte des 12. Jahrhunderts aus Oberitalien nach Norddeutschland eingeführt, da es im Flachland keinen Haustein gab und die von den Gletschern der Eiszeit übertragenen Granitfindlinge verbraucht waren.

Zusammen mit der ausgezeichneten Backsteintechnik brachten Ziegelbrenner aus Norditalien auch den Kreuzbogenfries an die 1148 begonnene Klosterkirche der Prämonstratenser (Abb. 4) nach Jerichow in Sachsen-Anhalt. Wenige Jahre später taucht er am Dom in Ratzeburg auf (Abb. 5). Links im Bild ist der einfache Rundbogenfries, rechts der aus fast gleichen Bögen bestehende Kreuzbogenfries zu sehen. Der Ratzeburger Dom entstand unter der Förderung des Sachsenherzogs Heinrich dem Löwen ab 1160/70. Das Kreuzbogenmotiv findet sich auch am Dom von Lübeck, der ebenfalls von Heinrich gestiftet wurde, um die Christianisierung in den von den Slawen eroberten Gebieten voranzutreiben. Von Ratzeburg aus gelangte das Motiv an die kleine, aber kostbare

Abb. 2 (links): Gekreuzte Rundbögen an der Puerta del Sol/Südspanien.

Abb. 3 (oben): Kreuzbögen am Dom von Fidenza/Italien.

Abb. 4 (unten): Fries an der Klosterkirche in Jerichow/Sachsen-Anhalt.

Abb. 5: Rundbogen- und Kreuzbogenfries am Dom von Ratzeburg/ Schleswig-Holstein.

Abb. 6: Kreuzbogenfries an der Dorfkirche von Vietlübbe/ Mecklenburg-Vorpommern.

Dorfkirche von Vietlübbe (Abb. 6) in der Nähe von Gadebusch und etwa zur gleichen Zeit an die Zisterzienserkirche in Bad Doberan. Dort findet man den Kreuzbogenfries an der Westwand des südlichen Seitenschiffes, die als einziger Rest der ab 1186 erbauten, 1295 durch Brand zerstörten ersten Klosterkirche in den gotischen Neubau übernommen worden ist. Wenn das Motiv auch an der Klosterkirche von Danzig-Oliva auftritt, so ist hier wohl die gemeinsame Zugehörigkeit zum Zisterzienserorden das Bindeglied. Diese Aufzählung der Kreuzbogenfriese ist natürlich unvollständig. Wollte man alle Beispiele nennen, würde die Liste sehr lang werden. Sie finden sich überwiegend im Backsteingebiet – wohl, weil sie sich aus wenigen Formsteinen zusammenfügen lassen, wie man an den Mustern im Backsteinmuseum des Klosters Jerichow sehen kann.

Vom maurischen Spanien wanderte der Kreuzbogenfries über Oberitalien nach Norddeutschland als wichtiges Schmuckmotiv der romanischen Backsteinbaukunst. Diese verschmolz in der Marienkirche von Lübeck mit dem Gliederungssystem gotischer Kathedralen von Nordfrankreich. So entstand eine einzigartige Gruppe gotischer Backsteinbasiliken in Norddeutschland, deren europäische Wurzeln auch im Kreuzbogenfries sichtbar werden.

Die Sonne und der Achsenknick

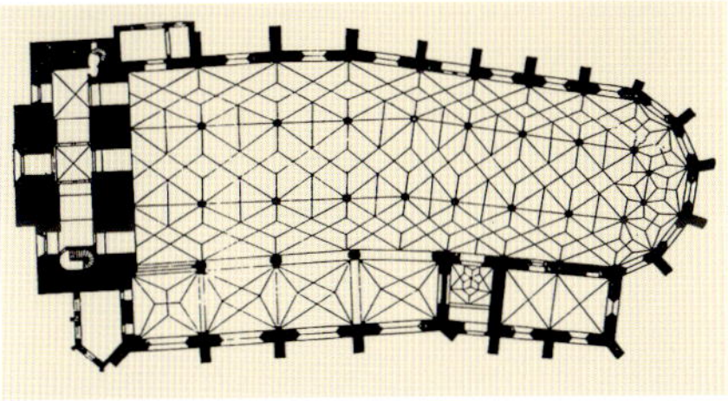

Abb. 1 und 2: Einen deutlichen Achsenknick zeigt der Dom in Bautzen/Sachsen.

Betrachtet man den Dom in Bautzen von Südosten aus (Abb. 1), kann man den Knick in der Südwand nicht übersehen, setzt er sich doch auch deutlich in dem mächtigen Dach bis in den First hinein fort. Der Blick auf den Grundriß (Abb. 2) bestätigt diese Wahrnehmung, und sogar im Innenraum (Abb. 3) ist die Achsenabweichung unübersehbar. Beim Blick nach Osten wandert die südliche Pfeilerreihe aus dem Bild heraus, die nördliche hinein. Beim Dom in Bautzen kann man einen Achsenknick am stärksten wahrnehmen, aber er findet sich auch bei anderen mittelalterlichen Kirchenbauten.

Ein besonders frühes Beispiel ist die Stiftskirche in Gernrode, wo der Knick

Abb. 3: Auch im Innern des Doms von Bautzen ist der Knick zu sehen.

im Grundriß (Abb. 4) zwischen dem Querschiff und dem Langhaus auffällt. Er wird im Innenraum (Abb. 5) aber nur dann bemerkt, wenn man darauf aufmerksam gemacht worden ist.

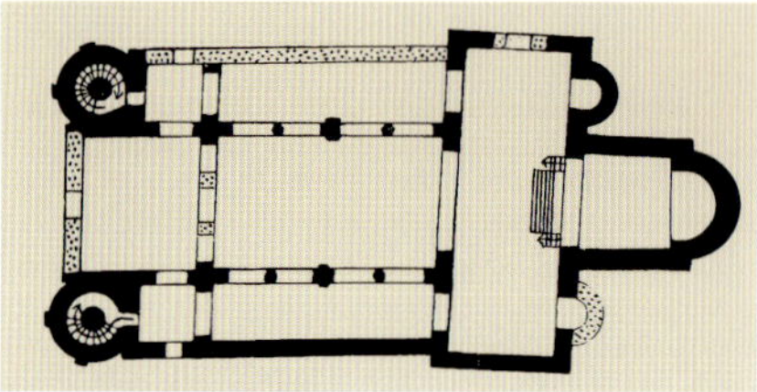

Abb. 4: Der Grundriß der Kirche in Gernrode/Sachsen-Anhalt zeigt einen Knick zwischen Lang- und Querschiff.

Abb. 5: Im Innern der Stiftskirche ist der Knick nur zu ahnen.

Als Grund für diese auffällige Abweichung von der sonst üblichen Regelmäßigkeit könnte man zunächst Meßfehler in Erwägung ziehen. In Anbetracht der Kühnheit und Eleganz der spätgotischen Hallenkirche von Bautzen mit ihren schlanken, relativ weit auseinanderstehenden Achteckpfeilern, kommen jedoch Zweifel auf, daß Baumeistern, die mit einfachen Hilfsmitteln so großartige technische und künstlerische Leistungen vollbringen konnten, derartige Meßfehler unterlaufen sein sollen. Wie virtuos und äußerst maßgerecht sie mit dem Zirkel konstruieren konnten, erkennt man an den Maßwerkfenstern der Südseite (Abb. 6).

Es handelt sich also nicht um Unachtsamkeit, sondern man muß zwingende Gründe für den Achsenknick annehmen. Sie könnten bei der Kirche von Bautzen in der rund 500 Jahre umfassenden Baugeschichte zu finden sein. Vom ersten Bau aus der Zeit um 1000 wurden bisher keine Reste gefunden. Eine zweite Kirche soll mit dem Chor 1213 begonnen und vermutlich 1221 geweiht worden sein. Auch von ihr sind keine Baureste auszumachen. Die frühesten finden sich erst im Westbau, der um 1225 als einziger quadratischer Turm mit besonders dicken Mauern entstand. Am Ende des 13. Jahrhunderts wurde er zu einer Doppelturmfassade erweitert. Er erreichte allerdings nur im Südturm eine für die Fernwirkung wirksame Höhe. Zu diesem noch bestehenden Westbau gehörte eine dreischiffige Hallenkirche, auf deren Fundamenten wahrscheinlich die heutigen Langhauspfeiler stehen.

Der Achsenknick wurde durch den Neubau des Hallenchores nach 1463 ausgelöst. Drei Gründe könnten dafür bestanden haben: Anfangs plante man einen nach Westen wesentlich längeren Bau und beabsichtigte dafür die westliche Doppelturmfassade aufzugeben und den neuen Westabschluß nach Nordwesten zu verschieben. Als man angesichts der hohen Baukosten die ehrgeizigen Pläne reduzieren und den Westbau erhalten wollte, mußte man mit dem Schiff nach Westen umschwenken. Für diese Theorie spricht, daß man bei der ehemaligen südlichen Außenwand, die durch den nachträglichen Anbau eines dritten Seitenschiffes nach innen geriet, die Achsenverschiebung in zwei Phasen vornahm, um den Knick nicht zu stark werden zu lassen. Dies ist allerdings nur im Grundriß zu erkennen, da das etwas später angebaute südliche Seitenschiff nur eine Abknickung von der Sakristei aufweist und deshalb so stark in Erscheinung tritt.

Der zweite Grund für die Achsenverschiebung wie auch für einen Verzicht auf die Verlängerung der Kirche nach Nordwesten könnte im Untergrund liegen. Zwar steht Bautzen auf einem Granitfelsen, der jedoch nicht gleichmäßig bis an die Oberfläche der Bergkuppe reicht. Er könnte nördlich der heutigen Kirche erst in einer gewissen Tiefe liegen, so daß hier kein tragfähiger Boden besteht. Dies bemerkte man erst beim Ausheben der Fundamentgräben und änderte darum die Baupläne.

Ein dritter Grund für die Achsenverschiebung, wenn nicht in Bautzen, so vielleicht bei anderen Beispielen, könnte im Wechsel des Titelheiligen liegen. Es wird vermutet, daß man die liturgisch vorgeschriebene, möglichst genaue Ostung der Kirche am Tag des Namenspatrons – bei Bautzen also des Heiligen Petrus und damit am 29. Juni – vornahm. Nachdem das Baugrundstück planiert war, wurde die Mittelachse bestimmt, indem ein Pflock mit einer langen Leine zunächst den einen Standpunkt festlegte. Ein zweiter Pflock, der genau im Augenblick des Sonnenaufgangs am 29. Juni eingeschlagen wurde, markierte die Ausrichtung der Kirche nach Osten.

Hatte nun nach längerer Bauunterbrechung der Titelheilige gewechselt und lag dessen Namenstag in einer anderen Jahreszeit, so ging dann die Sonne an einer anderen Stelle auf. Da man einen Meßfehler der Vorgänger vermutete, korrigierte man die Achse, denn über den Lauf der Gestirne wußte man sehr wenig, oder durfte nichts wissen, was von der Auffassung der Kirche abwich. Diese setzte fälschlich, aber mit dogmatischer Strenge voraus, daß die Erde eine Scheibe sei und die Sonne sich um sie drehe. So gingen die mittelalterlichen Baumeister zwar bewundernswert pragmatisch mit der Trigonometrie um, verfügten aber über kein theoretisches Wissen, denn sie bauten ihr Können nicht auf Schulbildung oder Studium, sondern auf der tradierten praktischen Erfahrung der Bauhütten auf.

Abb. 6: Virtuos konstruierte Maßwerkfenster an der Südseite des Doms in Bautzen.

Für den Achsenknick sei eine vierte These nicht verschwiegen, die darin das im Tode zur Seite geknickte Haupt des Erlösers symbolhaft wiedergegeben sehen will. Doch wäre dieses Symbol für den mittelalterlichen Menschen nicht erkennbar gewesen, denn er verfügte weder über eine Grundrißzeichnung noch über eine Luftansicht der jeweiligen Kirche.

Der Erde entfliehen ins himmlische Jerusalem

Abb. 1: St. Martini in Braunschweig/ Niedersachsen, eine zur Hallenkirche umgebaute Basilika.

Von der frühchristlichen bis zur romanischen Baukunst war die Basilika die vorherrschende Raumform, bis am Ende des 12. Jahrhunderts in Poitiers mit der Hallenkirche ein neuer Typ entstand. Bei der Basilika ist das Mittelschiff nicht nur breiter, sondern auch um soviel höher als die Seitenschiffe, daß schräg von oben durch die Fenster über den Arkaden Licht einfallen kann. Von den niedrigen Seitenschiffen dringt wegen der schmalen Arkaden relativ wenig Licht ein.

Dagegen sind bei einer Hallenkirche alle drei Schiffe gleich hoch. Sie haben breite Arkaden und sind deshalb sehr viel stärker von einem gleichmäßigen Licht durchflutet. Die erste große gotische Hallenkirche war die neue Kathedrale St. Pierre in Poitiers (1166–1271). Während sie in Frankreich kaum eine Nachfolge fand, wurde sie in Deutschland ab ungefähr 1225 begeistert aufgenommen. Vor allem die westfälischen Baumeister, ausgehend von der Münsterkirche in Herford und dem Dom in Paderborn, sowie die hessische Bauschule mit der Elisabethkirche in Marburg ab 1235 griffen diesen Bautyp auf.

Wegen der gleich hohen, nicht mehr hierarchisch gestuften Schiffe, ihrer größeren Lichtfülle und den breiten, Durchblicke gestattenden Arkaden wurde die Hallenkirche zur bevorzugten Bauform der Pfarrkirchen in den aufblühenden Städten des Mittelalters. Die Begeisterung war so groß, daß man nicht nur neue Kirchen in der neuen Raumform errichtete, sondern auch bestehende romanische Basiliken zu Hallenkirchen umbaute. In Braunschweig geschah dies bei den drei großen Pfarrkirchen St. Andreas, St. Katharinen und St. Martini (Abbildung 1). Man brach die romanischen Arkaden, die sie tragenden Zwischenpfeiler und die Obergadenwand heraus und schuf dadurch breite Bögen zu den aufgestockten Seitenschiffen hin.

Ähnlich ging man ab 1250 bei der Lübecker Marienkirche vor, die um 1200–1240 gerade erst als große romanische Backsteinbasilika in der Art des Domes vollendet war. Während der Chor mit einer provisorischen Wand abgeschlossen und für den Gottesdienst weiter genutzt wurde, baute man das Langhaus um. An der Grenze zwischen beiden (Abb. 2) blieb ein romanisches Pfeilerpaar der Basilika stehen, im Bild erkennbar an der wuchtigen Form und dem großformatigen roten Fugennetz auf weißem Grund. Wäre diese Hallenkirche erhalten geblieben, wäre sie heute die größte Deutschlands. Doch kaum war das Langhaus vollendet, kehrte man beim Neubau des Chores wieder zur basilikalen Gestalt mit hohem Mittelschiff, niedrigeren Seitenschiffen sowie entsprechendem Chorumgang mit Kapellenkranz zurück.

Wie kommt es, daß man in Lübeck wieder die Raumform der Basilika wählte, während die anderen deutschen Städte für ihre Pfarrkirchen Hallenräume errichteten? Vorbild für die Lübecker waren die großen gotischen Kathedralen Nordfrankreichs und Flanderns. Mit dieser Region hatte man durch den Handel sehr enge Verbindungen.

Abb. 2: In St. Marien in Lübeck blieb beim Umbau ein romanisches Pfeilerpaar stehen.

48 Höhenvergleich: a) romanische Kirche Sainte-Foy in Conques – b) Kathedrale Notre-Dame in Laon – c) Kathedrale Notre-Dame in Reims

Abb. 3: Höhenvergleich von der Romanik zur Hochgotik.

Ein Grund für die Rückkehr zur Basilika war die Möglichkeit, damit wesentlich größere Höhen zu erreichen. Der Querschnitt gotischer Basiliken (Abb. 3) zeigt, wie man den Seitenschub der Mittelschiffsgewölbe zunächst mit Hilfe der Emporen über den Seitenschiffen auffing, dann bei der Kathedrale von Reims ab 1211 mit Hilfe offener Strebebögen auf die Strebpfeiler der Seitenschiffe ableitete.

Zwar nehmen die gleich hohen Seitenschiffgewölbe einer Hallenkirche den Schub der Mittelschiffsgewölbe auf, doch für ihre eigenen Schubkräfte fehlt in der großen Höhe das erforderliche Widerlager. Deshalb erreichen sie kaum eine Höhe von mehr als 27 Metern, dagegen liegen die Scheitel der Mittelschiffsgewölbe in Reims bei 38 Meter. Exakt dieselben Maße einschließlich der Mittelschiffsbreite von 14,10 Meter weist auch die Marienkirche in Lübeck auf, woraus sich für die Raumproportionen ein Verhältnis von 1 : 2,6 ergibt. Damit wurden aber noch nicht die größten Höhen erreicht. Mißt die Kathedrale von Amiens im Mittelschiffsgewölbe 42 Meter, so die von Beauvais (Abb. 4) als höchste des Mittelalters 46,75 Meter.

Welche Ursachen hat dieser Höhendrang? Es wäre ein zu modernes, zu diesseitiges Denken, darin allein den Wettkampf der Städte um den höchsten Kirchenraum zu sehen. Vielmehr ging es bei der Basilika um die Schaffung eines Abbilds des Himmlischen Jerusalem, das sich der Mensch des Mittelalters als eine wunderbare Stadt vorstellte, in die er nach der leiblichen Auferstehung gelangte. Die Kathedrale sollte ihm im irdischen Jammertal eine Verheißung für dieses Himmlische Jerusalem sein, ihn zu einem christlichen, bußfertigen Leben ermahnen.

Im 21. Kapitel seiner Offenbarung schildert Johannes von Vers 10 an das Himmlische Jerusalem in all seiner Herrlichkeit und gibt in Vers 17 die Höhe seiner Mauern mit 144 Ellen an. Diese Zahl ist kein Zufall, sondern die heilige Zahl 12 mit sich selbst multipliziert. Die Offenbarung ist im Original in griechischer Sprache geschrieben, in der die Elle Paechon heißt. Ein attisches Paechon entspricht 0,444 Meter. Nun schwanken alle vom menschlichen Körper abgeleiteten Maße – die übrigens denen der Engel gleich sein sollen – zwischen den einzelnen Kulturen ähnlich wie die Körpergrößen. Deshalb haben die Baumeister der französischen Kathedralen sicher ihre eigene Elle zur Grundlage ihres Bauens gewählt.

Ist die Behauptung von Werner Schäfke in seinem Buch „Frankreichs gotische Kathedralen" richtig, daß die 46,75 Meter Scheitelhöhe der Kathedrale von Beauvais 144 Ellen entspre-

Abb. 4: Die Kathedrale von Beauvais/ Frankreich, die höchste des Mittelalters.

Abb. 5 (links): Der Kölner Dom/NRW erreicht eine Höhe von 43,35 Metern.

Abb. 6 (rechts): Die Proportionen von St. Nikolai in Wismar/Mecklenburg-Vorpommern sind identisch mit denen des Kölner Doms.

chen, würde eine französische Elle 0,34 Meter ausmachen. Wir hätten damit die Erklärung für die unglaubliche Höhe dieser Kathedrale. Sie entspricht heute einem Hochhaus von 15 Geschossen. Wegen dieser unglaublichen technischen Kühnheit stürzte sie während des Bauens auch ein. Unverdrossen baute man sie jedoch gleich wieder in derselben Höhe auf, fügte jedoch zusätzliche Pfeiler ein.

Nach dem deutschen Maß für die Elle, das zwischen 0,54 Metern in Frankfurt am Main und 0,83 Metern in Bayern schwankt, hätten die Mauern des Himmlischen Jerusalem gemäß der Offenbarung des Johannes eine Höhe von 77,7 bis 119,5 Metern gehabt. Dies war technisch nicht zu erreichen und selbst die 46,75 Meter von Beauvais sind eine einmalige Leistung. Um dennoch den Eindruck überirdischer Schwerelosigkeit und jeden menschlichen Maßstab überwindende Höhen zu erzeugen, verringerte man die Mittelschiffsbreite, wodurch die Proportionen in zwei Fällen noch steiler als in Beauvais wurden. Dort ergibt sich aus einer Breite von 15,5 Metern bei der Höhe von 46,75 Metern das Verhältnis 1 : 3. Der Kölner Dom (Abb. 5) erreicht mit 12,5 zu 43,35 Metern ein Verhältnis von 1 : 3,5 und die Nikolaikirche in Wismar (Abb. 6) mit 10,5 zu 37 Metern ebenfalls 1 : 3,5. Beide zählen damit zu den in ihrer Wirkung steilsten Kirchenbauten der Gotik.

Weil es auf die Proportionen und nicht auf das für den Laien nicht erkennbare absolute Höhenmaß ankam, vermittelten beide Kirchen den Gläubigen des Mittelalters in gleicher Weise wie die Kathedrale von Beauvais das Bild vom Himmlischen Jerusalem mit seinen überirdisch hohen Mauern.

Wie die französische Kathedralgotik an die Ostsee kam

Beim Gang durch den Chor des Lübecker Domes fällt auf, daß an einigen Stellen bei den Gewölbediensten der Chorkapellen zwei Kapitelle übereinander angeordnet sind. Das ist besonders auffällig in der ersten Polygonalkapelle von Westen auf der Nordseite (Abb. 1) und in der zweiten Polygonalkapelle von Westen auf der Südseite (Abb. 2). An anderen Stellen sind die Gewölbedienste in der Höhe der unteren Kapitelle gestört, woraus man schließen muß, daß sie abgeschlagen wurden. Spuren finden sich am jeweiligen Eckdienst zwischen erster und zweiter sowie zweiter und dritter Polygonalkapelle von Westen auf der Südseite (Abb. 2 und 3).

Die unteren Kapitelle lassen nur einen Schluß zu, nämlich daß ursprünglich auf ihnen die Gewölbe von Chorkapellen aufsitzen sollten, die deutlich niedriger als die heutigen geplant waren. Bei gleichbleibender Höhe des Chormittelschiffs, das in der Höhe dem des Langhauses mit 20,55 m entsprechen mußte, hätte sich ein basilikaler Chor wie bei den Vorbildern der nordfranzösischen Kathedralgotik ergeben. Es läge nahe, damit auch die Verengung im Bogen zwischen der Chorscheitelkapelle und der nach 1440 östlich an diese angebaute Marientidenkapelle (Abb. 3) in Verbindung zu bringen und darin einen ursprünglich niedrigeren Bogen der basilikal geplanten Kapellen zu sehen. Für das ursprüngliche Ostfen-

Abb. 1 und 2: Lübecker Dom, die erste Polygonalkapelle auf der Nordseite (oben) und die zweite Polygonalkapelle auf der Südseite.

Abb. 3: Marientidenkapelle am Lübecker Dom.

ster der Chorscheitelkapelle wäre aber ein niedrigerer Bogen zu breit gewesen, so daß nur auf einen Vorgänger der 1440 entstandenen Marientidenkapelle als Verlängerung der Chorscheitelkapelle geschlossen werden kann, der dann auch eine entsprechend geringere Höhe gehabt hätte.

Die aus den beobachteten Unregelmäßigkeiten erschlossene erste Gestalt des Domchores als Basilika ist für die Geschichte der Backsteingotik an der Ostsee von großer Bedeutung. Bisher ging man davon aus, daß der basilikale Kathedralchor mit Umgang und Kapellenkranz erstmals bei der Marienkirche in Lübeck durch direkte Beziehungen zu nordfranzösischen Kathedralen wie der in Quimper eingeführt worden war und daß von ihm alle anderen, darunter auch der Lübecker Domchor, abgeleitet wurden. Bei dieser in allen Publikationen vertretenen These ergaben sich aber erhebliche Schwierigkeiten bei der Datierung des basilikalen Chors der Marienkirche in Lübeck. Er müßte vor 1266 begonnen worden sein, wenn sich der von diesem Jahr an erbaute Lübecker Domchor auf ihn beziehen sollte. Eine sehr frühe Entstehung des Kathedralchors der Lübecker Marienkirche hätte auch die Baugeschichte der Nikolaikirche in Stralsund erfordert. Dort muß nämlich die Basilika mit dem Chor um 1270 begonnen worden sein, denn bereits 1276 rief der Rat zu Geldspenden auf.

Mit einem Baubeginn des basilikalen Kathedralchors bei der Marienkirche in Lübeck noch vor 1266 kommt man aber aus zwei Gründen in große Schwierigkeiten. Nach den Forschungen von Dietrich Ellger war hier von etwa 1200 an eine romanische Gewölbebasilika nach dem Vorbild des zwischen 1173/74 und 1220 erbauten Lübecker Domes entstanden (Abb. 4). Bereits ab 1250 wurde diese Basilika in eine Hallenkirche mit einem entsprechenden Chor umgebaut (Abb. 5), die zur größten in Deutschland geworden wäre, hätte man nicht gleich nach

oder vielleicht auch bereits vor der Fertigstellung eine gotische Basilika mit Kathedralchor (Abb. 6) neu zu bauen begonnen. Wenn dies schon vor 1266 erfolgt sein sollte, hätte man für den Hallenbau nur 15 Jahre Zeit gehabt, was angesichts der Größe des Baues mit einer Länge von 80 Metern, einer Breite von 32,5 Metern und einer Höhe von rund 20 Metern kaum denkbar ist.

Direkte urkundliche Baunachrichten existieren nicht. Die Altarstiftungen von 1268 und 1274 können sich genauso gut auf den Hallenchor beziehen und wurden nur dem basilikalen Umgangschor zugeordnet, weil man diesen unbedingt zeitlich vor den Domchor setzen wollte. Vom Bauablauf her ist es aber sehr viel einleuchtender, den Bau des basilikalen Umgangschors der Marienkirche erst um 1280 beginnen zu lassen. Denn auch die stilistische Einordnung der architektonischen Details weist laut Hans Josef Böker auf einen Baubeginn um 1280 hin, da enge Beziehungen zur 1277 geweihten Sakristei des Kölner Domes bestehen.

Der Widerspruch, daß der basilikale Chor der Lübecker Marienkirche nicht vor 1280 begonnen sein kann, die ersten Nachfolgebauten aber schon ab 1266 errichtet wurden, löst sich auf, wenn man davon ausgeht, daß die neue basilikale Chorform erstmals beim Dom in Lübeck angewandt wurde, und deshalb sowohl die Nikolaikirche in Stralsund, der Dom in Schwerin als auch die Lübecker Marienkirche von ihm abhängig sind. Dafür spricht auch der Vergleich der Grundrisse: Der Lübecker Domchor (Abb. 7) folgt dem Vorbild der Kathedrale von Quimper (Abb. 8) weitgehend, indem er fünf polygonale Kapellen an den Umgang anfügt und beide mit gemeinsamen sechsteiligen Gewölben zusammenschließt.

Bei der Marienkirche in Lübeck (Abb. 9) aber gab es vor 1444 – der Erbauung der Marientidenkapelle – nur drei voll ausgebildete Polygonalkapellen. Die beiden westlichen waren aus Rücksicht auf die bereits bestehenden Außenwände des Hallenchors nur mit einer Polygonseite und einem nur fünfteiligen Gewölbe ausgebildet worden. Es handelt sich somit um eine Notlösung, die nicht zum Vorbild für die Nachfolgebauten geeignet war. Diese folgten alle dem Grundriß des Domchores, sogar die Nikolaikirche in Stralsund

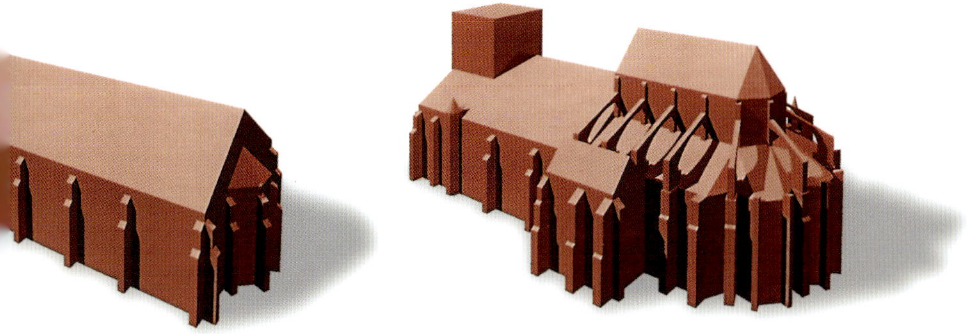

Abb. 4, 5, 6: Die Phasen der Marienkirche in Lübeck. Von links: romanische Gewölbebasilika, Hallenkirche und Basilika mit Kathedralchor.

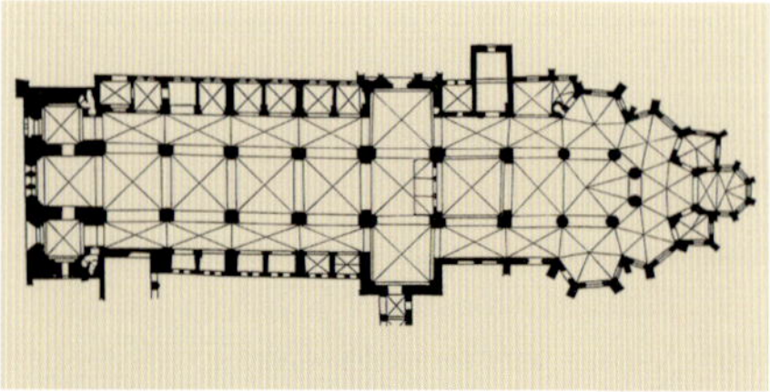

Abb. 7: Lübecker Dom ab 1266; fünf Polygonalkapellen.

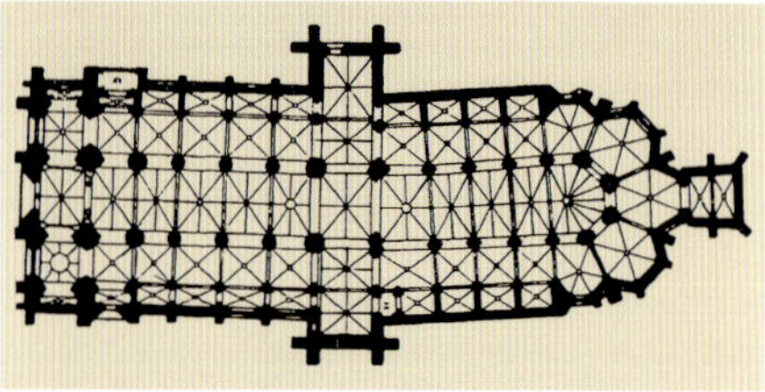

Abb. 8: Kathedrale von Quimper/ Bretagne; fünf Polygonalkapellen.

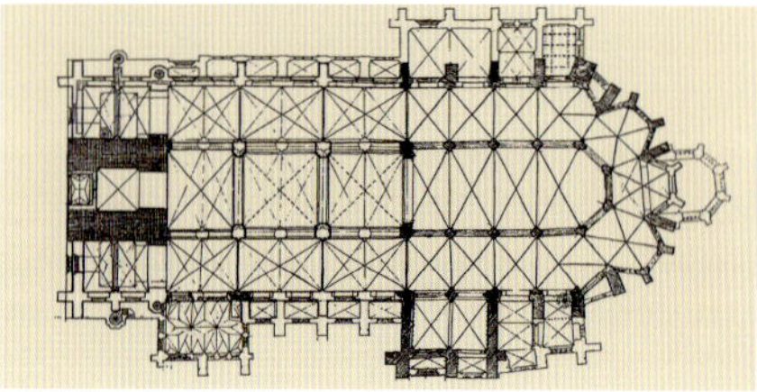

Abb. 9: Lübecker Marienkirche, ab 1280; drei Polygonalkapellen.

(Abb. 10). Obwohl man hier mit denselben Schwierigkeiten zu tun hatte, weil man ebenfalls Reste der gerade erst nach dem Vorbild der Lübecker Marienkirche erbauten Hallenkirche erhalten mußte, bemühte man sich um die Ausbildung auch der beiden westlichen Kapellen als Polygone mit sechsteiligen Gewölben.

Dies gelang allerdings nur auf der Nordseite ganz, im Süden wird die Kapelle durch die stehengebliebene, ältere Hallenwand zu einer unregelmäßigen Form – aber mit sechsteiligem Gewölbe – reduziert. Auch alle anderen gotischen Backsteinkirchen mit einem Kathedralchor folgen dem Vorbild des Lübecker Domes mit fünf Polygonalkapellen, die in sechsteiligen Gewölben mit dem Umgang verschmelzen, so der Dom in Schwerin (Abb. 11) ab etwa 1270, die Marienkirche in Rostock ab etwa 1290 und die Klosterkirche in Bad Doberan ab 1291.

Sie sind alle von Anfang an basilikal angelegt, ein weiterer Beweis dafür, daß man beim Lübecker Domchor 1266 ebenfalls einen basilikalen Chor zu bauen begonnen hat. Das war auch naheliegend, denn das romanische Langhaus war damals noch eine Basilika und wurde erst zwischen 1329 und 1341 zur Hallenkirche umgebaut. Heftige Streitigkeiten zwischen dem Bischof Burkhard von Serken und dem Rat führten 1277 zur Einstellung der Bauarbeiten am Domchor. Damals standen nur die Außenmauern bis zur Höhe der unteren Kapitelle an den Gewölbediensten der Umgangskapellen (Abb. 1). An diesem basilikal geplanten Zwischenzustand orientierten sich die oben genannten Nachfolgebauten einschließlich des um 1280 begonnenen Kathedralchors der Lübecker Marienkirche, der nach Einstellung der Bauarbeiten am Domchor bezüglich der Innenraumgestaltung zum Vorbild für alle Umgangschöre im Ostseeraum wurde.

Als man 1329 unter dem tatkräftigen Bischof Heinrich von Bocholt die Bauarbeiten am Dom wieder aufnahm, ging man unter dem Einfluß des 1290 bis 1323 erbauten Domchores in Verden an der Aller (Niedersachsen) zur Raumform des Hallenchores über, in dem man über den vorhandenen unteren Kapitellen die Gewölbedienste höher führte und vom neuen oberen Kapitell die Wölbung in eine Höhe brachte, die der des Mittelschiffs gleichkam. Dessen Gestalt mit den mächtigen, an vier

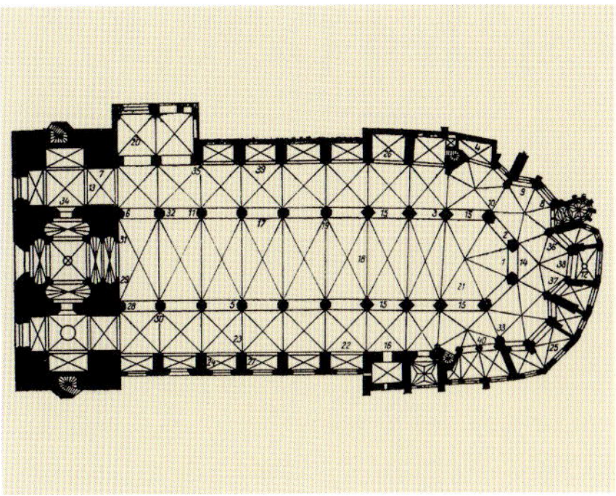

Abb. 10: Nikolaikirche von Stralsund, ab 1270; fünf Polygonalkapellen.

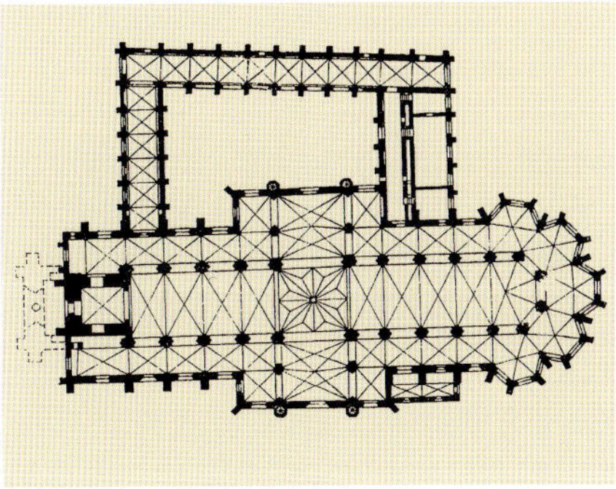

Abb. 11: Schweriner Dom/ Mecklenburg-Vorpommern, ab 1270; fünf Polygonalkapellen.

Seiten mit Runddiensten besetzten Rundpfeilern geht auf den Domchor in Verden zurück. Dieser Einfluß war 1266 noch gar nicht möglich, da der Verdener Chor erst 1290–1323 entstand. Aus allen diesen etwas komplizierten Überlegungen geht hervor, daß die folgenschwere Übernahme des nordfranzösischen Kathedralchores nicht durch die Marienkirche, sondern durch den Dom in Lübeck erfolgte.

Da die Bauherren der französischen Kathedralen stets die Bischöfe waren, leuchtet es auch ein, daß die Verbindungen zur Kathedrale in Quimper zu jener Zeit 1266 noch durch den Bischof von Lübeck hergestellt wurden. Damals hatte er noch nicht eine Einschränkung seiner Macht über die Stadt Lübeck hinnehmen müssen, stand die Marienkirche noch unter der Aufsicht des Domkapitels, von der sie erst 1286 durch die Übernahme des Patronats durch den Rat entbunden wurde.

Wahrscheinlich ging es bei den Streitigkeiten, die zur Einstellung der Bauarbeiten am Domchor 1277 geführt hatten, um die Befreiung der Marienkirche als Hauptpfarrkirche vom Einfluß des Bischofs. Warum das Domkapitel unter Bischof Bocholt 1329 zu der für Bürgerkirchen üblichen Hallenform überging, obwohl doch die Basilika als Raumform der Bischofskirchen gilt, ist nicht mit Sicherheit festzustellen. Da bei der Lübecker Marienkirche und in der Folge bei allen Hauptpfarrkirchen der großen Hansestädte an der Ostsee die Basilika gewählt wurde, wollte sich das Domkapitel vielleicht in Anlehnung an den Dom in Verden mit einer Hallenkirche von der Kirche des Rates absetzen.

Von meiner zufälligen, bei der Arbeit an der CD-ROM „Wege zur Backsteingotik“ gemachten Beobachtung der übereinander angeordneten Kapitelle bei den Umgangskapellen im Lübecker Domchor gelangt man zu einer veränderten Entstehungsgeschichte der Backsteinkathedralen im Ostseeraum. Als die Verbindung von oberitalienischer Backsteintechnik mit französischer Kathedralgotik gibt es diese Bauten nur zwischen Lübeck und Wolgast mit Ablegern in Malmö (Schweden), Lüneburg, Salzwedel und Buxtehude, eine großartige Steigerung der auch sonst an Stadt- und Dorfkirchen so überreichen Kulturlandschaft Mecklenburg-Vorpommerns.

Die Chorpolygone der späten Gotik

Der Westchor des Domes in Naumburg (Abb. 1) gehört zu den bekanntesten gotischen Bauwerken in Deutschland, vor allem wegen der großartigen Bildwerke des Naumburger Meisters aus der Zeit um 1250, leider weniger wegen der Architektur – obwohl doch beide untrennbar zusammengehören. Der frühgotische Chor ist im Grundriß (Abb. 2) ein Polygon aus fünf Seiten eines Achtecks, wobei die Wände an der Nord- und Südseite breiter sind als die an der Nordost-, Ost- und Südostseite. Ein solcher 5/8-Chorschluß ist für die frühe und hohe Gotik charakteristisch. In der Mittelachse liegt bei ihm stets ein Fenster.

Beim Ostchor des Domes in Naumburg (Abb. 3) – der weniger beachtet wird, obwohl er das liturgische Zentrum des Kirchenraumes bildet – liegt in der Blickachse ein Wandpfeiler und in dessen Verlängerung statt einer Gewölbekappe eine Rippe. Um

Abb. 1: Der Westchor des Naumburger Doms/Sachsen-Anhalt.

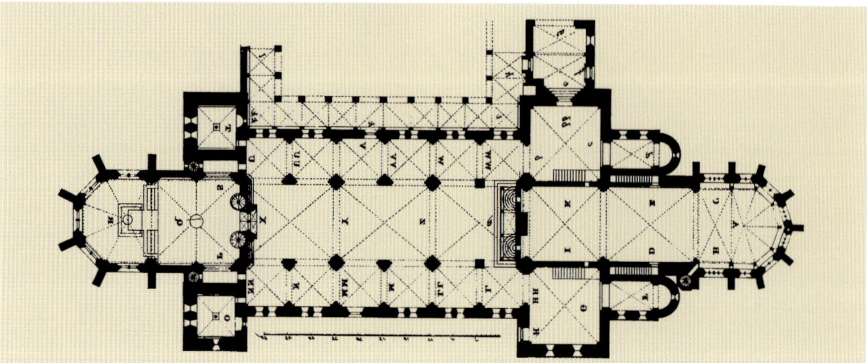

Abb. 2: Der Grundriß mit 5/8-Chor im Westen und 6/10-Chor im Osten.

diese Wirkung zu erzielen, wurde für die Ostapsis bewußt ein anderes Polygon gewählt, nämlich aus sechs Seiten eines Zehnecks. Immer wenn bei Polygonen der Zähler eine gerade Zahl ist, rückt statt eines Fensters ein Pfeiler in die Mittelachse. Das um 1330 neu an das ältere Chorquadrat angefügte östliche Chorpolygon nimmt mit dieser besonderen Gestalt Stiltendenzen der Spätgotik vorweg, die statt der axialen Symmetrie früh- und hochgotischer Kirchenbauten malerische Überschneidungen schätzte.

Als Beginn der Spätgotik ist der Bau des Domchores in Prag anzusehen. Wenn hier die Polygone noch auf fünf Seiten eines Zehnecks aufgebaut werden, so hatte diese Lösung bereits Matthias von Arras ab 1344 festgelegt. Als Peter Parler 1353 die Bauleitung übernahm, war er daran gebunden. Mit der Stadtkirche St. Bartholomäus in Kolin aber wählte Peter Parler 1360–1385 für das innere Chorpolygon den 4/6-Schluß, so daß ein Pfeiler in der Mittelachse steht, während dahinter beim äußeren Chorpolygon aus neun Seiten eines Achtzehnecks ein Fenster erscheint.

Eine sehr ähnliche Raumwirkung erzielte Meister Hans von Burghausen mit seinem zwischen 1408 und 1452 erbauten Chor der Franziskanerkirche in Salzburg (Abb. 4), in dem die Neigung der Spätgotik zu malerischen Überschneidungen sehr deutlich wird.

Groß ist die Zahl spätgotischer Chorbauten, für die ein Polygon mit einem geraden Zähler gewählt wurde und deshalb ein Pfeiler statt des sonst üblichen Fensters in den Blickpunkt tritt. Genannt seien nur einige, nämlich die Stadtkirche St. Barbara in Kuttenberg (begonnen 1388, vielleicht noch von Peter Parler), die Stadtkirche St. Wolfgang im erzgebirgischen Schneeberg (erbaut 1516 bis 1540), die Marienkirche in Stargard aus dem 14. Jahrhundert, die 1407 begonnene Spitalkirche in Landshut und St. Maclou in Rouen (Abb. 5), begonnen 1436 nach dem Plan des königlichen Baumeisters Pierre Ro-

Abb. 3: Der Ostchor des Naumburger Domes/Sachsen-Anhalt.

Abb. 4 (links): Chor der Franziskanerkirche in Salzburg/ Österreich.

Abb. 5 (rechts) und 6 (Mitte): Chor und Grundriß von St. Maclou in Rouen/ Frankreich.

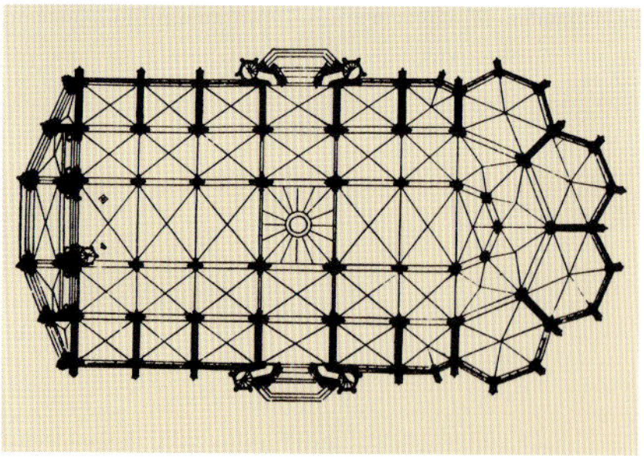

Abb. 7 (unten): 5/8-Chor im Grundriß von St. Marien in Wismar/ Mecklenburg-Vorpommern.

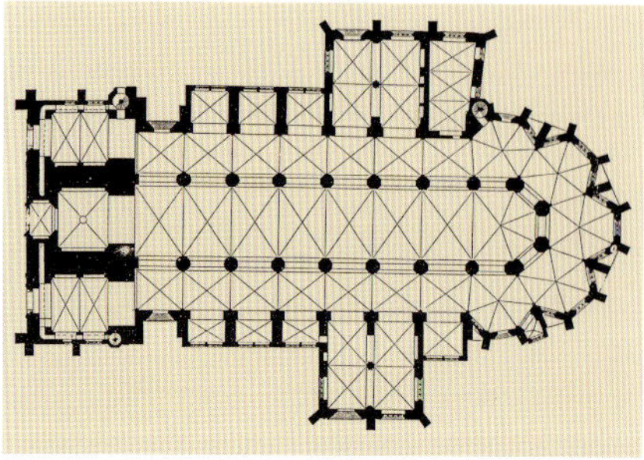

bin. Dort liegt sowohl beim inneren als auch beim äußeren Polygon aus vier Seiten eines Achtecks ein Pfeiler in der Raumachse. Deshalb gibt es auch nur vier Chorkapellen (Abb. 6) und nicht wie bei der ab 1339 erbauten Marienkirche in Wismar (Abb. 7) fünf, wie sonst in der Kathedralgotik allgemein üblich.

Die Tendenz der Spätgotik zu solchen malerischen Überschneidungen äußert sich auch in fünfschiffigen Kirchenräumen, die fast genauso breit wie lang sind und im diagonalen Durchblick erlebt werden sollen. Vielleicht war auch aus diesem Grund der Achsenknick im Dom zu Bautzen willkommen, da auf diese Weise beim Blick nach Osten die nördliche Pfeilerreihe sichtbar wird.

Wie Sie die Steine zum Sprechen bringen

Figürliche Darstellungen an Kirchen aus der ersten Hälfte des 13. Jahrhunderts geben uns einen Eindruck von den Baumeistern, deren Persönlichkeit ansonsten anonym geblieben ist. Die zahlreichen Maurer, Steinmetze, Holzfäller, Zimmerleute, Seilmacher, Schmiede, Schreiner, Korbmacher, Maler oder Schreiber, die ihre Talente für den Kirchenbau einsetzten, bleiben uns völlig unbekannt. Aus den Spuren ihrer Arbeit spricht jedoch das handwerkliche Können und der Erfindungsgeist, mit dem sie einfachste Mittel für pragmatische Lösungen nutzten. Gerüst- und Lüftungslöcher lassen sich da entdecken, geritzte Fugen im Putz, die feines Quadermauerwerk nachahmen oder Farbe, die von der Idee des Jenseits erzählt. Allein aus der Form und Bearbeitung der Steine, der kleinsten Einheit des Bauwerks, vermag der gute Beobachter manches über die Entstehungszeit eines Bauwerks zu erfahren.

Die Sprache der Steine

Abb. 1: Apsiden der Einhardsbasilika in Michelstadt-Steinbach/ Hessen.

Zur Altersbestimmung historischer Bauten stützt man sich in erster Linie auf Schmuckformen wie Kapitelle, figürliche oder ornamentale Friese, Basen, Gesimsprofile, Fenster- und Portalformen. Wo diese fehlen, können auch Struktur und Oberflächenbearbeitung des Mauerwerks selbst als Anhaltspunkte für eine ungefähre Altersbestimmung dienen.

Im Siedlungsgebiet der Germanen gab es vor der Verbreitung des Christentums kaum eine nennenswerte Steinbaukunst. So waren die frühesten Missionskirchen in der Zeit der Merowinger aus Holz gebaut. Für die ersten Steinbauten im karolingischen Reich konnte man auf die frühchristliche Bautradition im Mittelmeerraum und auf die „Zehn Bücher über Architektur" des römischen Architekturtheoretikers Vitruv zurückgreifen. Dort gibt es in Kapitel VIII des 2. Buches eine umfangreiche Darstellung aller Arten von Mauerwerk, die in der zweiten Hälfte des letzten vorchristlichen Jahrhunderts bekannt waren.

Für den Bau der Königshalle in Lorsch um 800 und der Einhardsbasilika Michelstadt-Steinbach 821–827 ist anzunehmen, daß die Bücher Vitruvs bekannt waren, da sich dort einige der von ihm beschriebenen Mauerwerksarten wiederfinden. So entspricht in Steinbach das aus relativ kleinen Quadern bestehende Sandsteinmauerwerk der Apsiden (Abb. 1) der Struktur, die Vitruv als „opus isodonum" bezeichnete. Die manchmal nur bruchrauh zugehauenen Steinquader von der ungefähren Größe eines Kastenbrotes sind verschieden lang, um vertikal übereinanderliegende Stoßfugen zu vermeiden. Sie sind jedoch gleich hoch, um sorgfältig lagerhaft verlegt werden zu können.

Abb. 2 (links oben): Eckverzahnung an der Abteikirche in Surburg/Elsaß.

Abb. 3 (links unten): Oberflächengestaltung an der Margarethenkapelle in Epfig/Elsaß.

Abb. 4 (rechts oben): Gewebeartiges Muster am Wormser Dom/Rheinland-Pfalz.

Abb. 5 (rechts unten): Quader mit Randschlag an der Peterskirche in Erfurt/Thüringen.

Dieser Typ des Mauerwerks herrscht in der Sakralbaukunst des 9. bis 11. Jahrhunderts vor, während im 12. Jahrhundert sehr große und besonders sorgfältig geglättete Quadersteine bevorzugt werden. Man kann auf Abb. 1 den Unterschied zwischen dem kleinteiligen Mauerwerk des 9. und dem großquadrigen des 12. Jahrhunderts im sogenannten Winterchor aus der Zeit um 1165 in der rechten Bildhälfte ablesen.

Die Entwicklung zu großformatigen Quadersteinen setzt bereits im 11. Jahrhundert ein und zwar zunächst bei den Eckverzahnungen, wie man an der um 1050 erbauten ehemaligen Abteikirche im elsässischen Surburg (Abb. 2) erkennen kann. Das Mauerwerk der großen Flächen entspricht mit den kleinen, hammergerecht zugehauenen Quadersteinen noch ganz dem Charakter der karolingischen und ottonischen Bauten. Die aus großen Blöcken gefügten Eckverzahnungen dagegen weisen schon auf die Entwicklung im 12. Jahrhundert hin. Die einst freistehende Kante wurde durch die großen Quadersteine besser vor Abstoßungen ge-

Abb. 6: Feine Fugen an der Kirche in Königslutter/Niedersachsen.

Abb. 7 (rechts): Scheinfugen an der Gobertuskapelle in Gelnhausen/Hessen.

Abb. 8: Putz am Ostgiebel der Klosterkirche in Haina/Hessen.

schützt, als es mit kleinteiligen Steinen möglich gewesen wäre. Die zuvor mit der Fläche einer Steinaxt geglättete Oberfläche der Eckquader wurde von den Steinmetzen mit dem Spitzeisen ornamental verziert, häufig in Rauten-, Flechtband- oder Ährenmustern. Ähnliche Zierformen findet man an vielen Bauten des 11. und 12. Jahrhunderts, so in Epfig (Elsaß) an der Margarethenkapelle aus dem 11. Jahrhundert (Abb. 3) oder am Westchor des Wormser Domes (Abb. 4) aus dem Ende des 12. Jahrhunderts, wo sehr ähnliche gewebeartige Muster wie in Surburg auftreten.

Mit der zunehmenden Ausbildung einer sorgfältigen Quadertechnik geht auch die Weiterentwicklung des Steinmetzhandwerks einher, das jetzt den reinen Maurer mehr und mehr ersetzt und das Hüttenwesen begründet. Bei der steinmetzmäßigen Herstellung eines Quadersteines ist der Randschlag als Leitlinie für die regelmäßige Quaderform unentbehrlich. Er wird häufig als Zierform beibehalten. Dies kann man an der 1103–1147 errichteten Peterskirche von Erfurt (Abb. 5) beobachten, wo sich der mit der Fläche strukturierte Spiegel deutlich vom Randschlag abhebt.

Die hohe Qualität der Steinmetztechnik ist außerdem am Fugennetz abzulesen. Derart dünne Stoß-(Vertikal-) und Lager-(Horizontal-)Fugen erfordern kaum noch einen Mörtel und setzen eine exakte Bearbeitung auch der nicht sichtbaren Quaderflächen voraus. Die Fugen sind am Chor der Stiftskirche von Königslutter (Abb. 6) in der Zeit bald nach 1135 so fein, daß sie kaum wahrzunehmen sind. Die Qualität dieses Mauerwerks erreicht die antiker Bauten, wodurch die Vermutung, daß hier oberitalienische Steinmetzen aus dem Raum Ferrara-Verona-Piacenza tätig waren, erhärtet wird. Darauf weist auch die reiche und hochqualitative Bauplastik hin, die den Steinmetzen immer stärker in die Nähe des Steinbildhauers rückt. Die Qualität des Quadermauerwerks ist natürlich auch eine Frage der verfügbaren Geldmittel und damit des Bauherren oder Stifters. Bei Königslutter war es Kaiser Lothar von Süpplingenburg.

Wo aus Kostengründen gespart werden mußte, beschränkte man auch im 12. Jahrhundert die sorgfältige Steinmetztechnik auf die Eckquader und verwendete für die Flächen Bruchstein, den man allerdings wie bei der Godobertuskapelle in Gelnhausen (Abb. 7) verputzte, durch Ritzlinien mit Scheinfugen versah und eine Farbfassung aufbrachte, um Quadermauerwerk vorzutäuschen.

Mit der fortschreitenden Zergliederung des Mauerwerks in der Gotik läßt die Qualität des Quadermauerwerks wieder nach. Die Arbeit der Steinmetzen konzentrierte sich auf die bildhauerische Ausgestaltung und das Maßwerk. Der Ostgiebel der Zisterzienserkirche Haina (Abb. 8) aus der Zeit um 1216–1224 ist dafür ein anschauliches Beispiel, auch für die Rolle des rötlich gefärbten Putzes, der die Hausteinteile und übrigen Flächen zu einer optischen Einheit zusammenzieht. Mit der Spätgotik wird das Mauerwerk im Detail immer weniger sorgfältig. Der Hang zu malerischer Wirkung und die Kostenbeschränkung angesichts der Größe der Bauaufgaben sind die Ursachen dafür. Man verwendet bei der Stadtbefestigung in Büdingen (Abb. 9) aus der Zeit 1490–1503 zwar große Sandsteinblöcke, bearbeitet sie aber nur an der Oberfläche unter Verzicht auf eine lagerhafte Anordnung. Auch reines Bruchsteinmauerwerk ist nicht mehr lagerhaft, sondern mit malerisch verspringenden Fugen gestaltet, wie das Beispiel der 1515–1540 erbauten Stadtkirche von Schneeberg im Erzgebirge (Abb. 10) aussagt.

Abb. 9: Ohne lagerhafte Anordnung der Sandsteinblöcke: Stadtbefestigung in Büdingen/ Hessen.

Abb. 10: Bruchsteinmauerwerk an der Stadtkirche in Schneeberg/ Sachsen.

Vorboten des himmlischen Lebens

Abb. 1: Quaderputz am Kreuzgang des Domes von Brixen/Italien.

Abb. 2: Farbschichten an der nördlichen Chorkapelle von Kloster Arnsburg, Stadt Lich/Hessen.

Die sorgfältige Oberflächenbearbeitung der Natursteinquader mittelalterlicher Bauten schloß eine farbige Fassung der Architekturglieder nicht aus. Die Denkmalpflege und die Kunstwissenschaft gehen sogar davon aus, daß alle historischen Bauten bis zum Ende des 18. Jahrhunderts eine Farbfassung besaßen. Durch die napoleonischen Kriege und in ihrer Folge durch die Zeiten großer Armut waren viele Burgen und Kirchen zu Ruinen geworden oder hatten zumindestens ihren Putz verloren. Nun erst begann man, das bloßgelegte Naturstein- oder Ziegelmauerwerk besonders zu schätzen, im Sinne der nahenden Romantik gerade wegen der Spuren zunehmenden Verfalls, in denen man die Vergänglichkeit allen Menschenwerks sah.

Betrachtet man mittelalterliches Mauerwerk aufmerksam, wird man häufig Spuren der ursprünglichen Farbfassung entdecken. Meist liegen sie an versteckten Stellen, die entweder vor Schlagregen geschützt waren oder bei der nachträglichen Beseitigung von den Handwerkern aus arbeitsökonomischen Gründen stehengelassen wurden, weil der Bauherr oder sein Architekt sie doch so schnell nicht sahen.

Im Laufe des 12. Jahrhunderts setzte sich der Backstein mehr und mehr als Ersatzmaterial durch, das aber vor dem Einsatz zahlreicher Formsteine noch keine eigene Architektursprache besaß. Zunächst gab man dem Backstein durch Putz und Anstrich das Aussehen von Natursteinquadern, wie man im Kreuzgang des Domes in Brixen erkennen kann (Abb. 1). Auf dem Putz über den Backsteinen der romanischen Arkaden ist die originale Bemalung erhalten und von der Denkmalpflege unter späteren Übermalungen freigelegt worden. Die Außenflächen zeigen eine Scheinquaderung in roten Fugen auf weißem, die Innenseiten der Bögen ein weißes Fugennetz auf rotem Grund.

Doch nicht nur da, wo unansehnliches Baumaterial wie allzu unregelmäßige Back- oder Bruchsteine aus Kostengründen verwendet wurden, wählte man die Farbfassung. Auch auf sorgfältig geglätteten Quadersteinen finden sich Spuren der originalen Farbgebung, so bei der Ruine der Zisterzienserkirche von Kloster Arnsburg, Lich (Abb. 2). Am Bogen der nördlichen Chorkapelle liegen drei Farbschichten übereinander.

Sie müssen alle vor dem Jahr 1803 entstanden sein, in dem das Kloster aufgelöst, die Kirche als Steinbruch genutzt und dadurch zur Ruine wurde. Niemand hätte danach einen Grund gehabt, die Kirche farbig zu fassen. Die unterste Schicht ist rot, darüber liegt Ocker und darüber Weiß. Da die Rotfassung im weiteren Gebiet um Ober- und Mittelrhein sehr häufig im Zeitraum zwischen dem Ende des 12. und dem Beginn des 14. Jahrhunderts vorkommt, kann man davon ausgehen, daß dies die ursprüngliche Farbfassung der zwischen 1197 und 1246 erbauten Klosterkirche war. Die darüber liegende Ockerschicht wurde mehrfach um die Mitte des 14. Jahrhundert als Zweitfassung eingesetzt, so bei der Klosterkirche in Arnstein/Lahn und beim Dom in Limburg. Die dritte, weiß gehaltene Schicht dürfte aus der Barockzeit stammen, als das Kloster nach den Verwüstungen des Dreißigjährigen Krieges eine letzte Blütezeit erlebte.

Beim Dom in Limburg weiß man aus den schriftlichen Quellen, daß er bis 1872 verputzt war und als letzte Fassung ein Grau mit weißen Fugen besaß. Dann schlug man den Putz ab, um dem Bauwerk auf den Naturfelsen über der Lahn eine romantische Gestalt zu geben. Zum Glück arbeiteten die Handwerker dabei in luftiger Höhe nicht sehr gründlich, so daß sich eine Vielzahl kleiner, aber aufschlußreicher Reste des originalen Putzes erhalten hatte. Man fand sie, als man den spätromanisch-frühgotischen Dom zum Neuverputz einrüstete.

Diese Maßnahme war notwendig geworden, weil sich einhundert Jahre nach dem Abschlagen des originalen Putzes schwere Schäden am Natursteinmauerwerk zeigten. Dies ist sehr heterogen aus Kalkstein, Tonschiefer und Schalstein zusammengesetzt, die gliedernden Teile bestehen aus Trachyt, Tuff und Basalt. An den Archivolten der Apsisfenster (Abb. 3) sind an den äußeren Rundstäben die Verwitterungsschäden zu erkennen, an den inneren,

Abb. 3 (oben): Verwitterung und Ockerfassung an den Apsisfenstern des Limburger Doms/Hessen.

Abb. 4: Rote Farbschicht im Dachraum des Vierungsturms am Limburger Dom.

Abb. 5 und 6: Farbfassung an der Vierung (rechts) und an der Westfassade des Limburger Doms (links).

besser geschützten eine obere Graufassung mit weißen Fugen und eine darunter liegende Ockerfassung, die aber ihrerseits – hier nicht sichtbar – über einer roten Schicht liegt. Von dieser findet man heute noch größere Partien im Dachraum der Ostteile am Vierungsturm (Abb. 4).

Nachdem – wohl im 14. Jahrhundert – die Dächer erhöht wurden, waren Teile der originalen Farbgebung vor jeder Verwitterung geschützt. Die Fenstergewände weisen hier eine wechselnd rote und ockerfarbene Quaderung auf, nach außen von schwarzen und ockerfarbenen Begleitern gerahmt, auf denen weiße Punkte sitzen. Sehr ähnlich ist die im Inneren des Vierungsoktogons freigelegte und ergänzte Ausmalung (Abb. 5), so daß die Fenstergewände im Inneren und am Außenbau das gleiche Farbgewand besitzen. Es wurde 1970–1973 für den gesamten Außenbau auf Grund zahlreicher Farbspuren rekonstruiert (Abb. 6).

Der Dom ist jetzt nicht mehr im Sinne der Romantik des 19. Jahrhunderts die Fortsetzung des Naturfelsens über der Lahn, sondern im Sinne des Mittelalters ein Abbild des Himmlischen Jerusalems. Die Menschen stellten sich damals das Leben nach dem Tod leiblich in einer überirdischen Stadt vor, noch schöner und heiliger als das irdische Jerusalem, nicht in diesem irdischen Jammertal, sondern in einer besseren Welt. Deshalb auch die Entmaterialisierung der Mauern durch die Farbe, deren Rot keineswegs Sandstein imitieren soll, sondern das Purpurrot des Himmelskönigs symbolisiert.

Von Löchern zum Lüften und Sparen

Abb. 1: Gerüstlöcher an San Isidoro in Léon/Spanien.

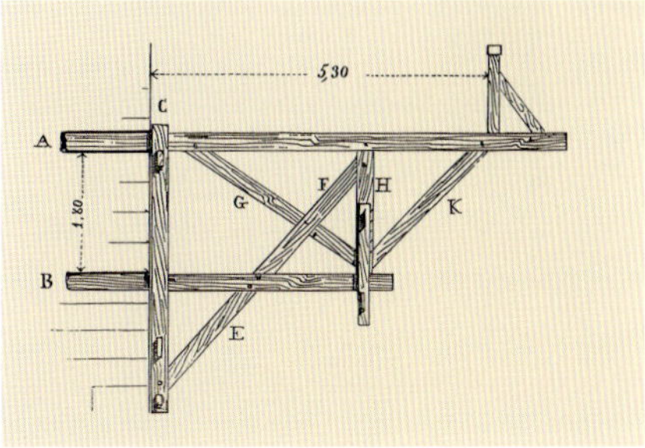

Abb. 2: Schemazeichnung einer mittelalterlichen Tragwerkkonstruktion aus Holz (nach Viollet-le-Duc).

Im Außenmauerwerk großer mittelalterlicher Bauten fallen häufig regelmäßig angeordnete Löcher auf, die sich viele Betrachter nicht recht erklären können (Abb. 1). Es handelt sich um Aussparungen zur Aufnahme der horizontalen Tragbalken für die Gerüste. Heute werden die Baudenkmäler mit Stahlrohrgerüsten vom Boden aus eingerüstet, was Kosten erfordert, die gelegentlich höher sind als die der nötigen Reparaturen. Im Mittelalter hatte man dagegen hölzerne Kragkonstruktionen, wie sie Viollet-le-Duc in seiner „Encyclopédie médiévale" rekonstruiert hat (Abb. 2 und 3).

Man mauerte dabei vom Boden aus soweit hoch, wie die Arme der Maurer reichten, sparte dann oben Löcher aus und schob Balken in das Mauerwerk hinein, auf denen die Gerüstbretter auflagen. Durch Schrägstreben wurde eine Binderkonstruktion geschaffen, die den auskragenden Balken davor bewahrte, abzubrechen oder aus dem Gerüstloch herausgezogen zu werden. Wurde der horizontale Querbalken nicht nur ganz durch das Mauerwerk gesteckt, sondern auch an der Innenraumseite durch ein Zapfenschloß gesichert (Abb. 3), hatte die Konstruktion eine so große Festigkeit, daß sie vier Gerüstetagen tragen konnte, wobei die drei oberen Balken nur bis zur halben Mauerstärke im Gerüstloch stecken mußten.

Reichte die Armhöhe von den so geschaffenen Arbeitsetagen zum Mauern nicht mehr aus, steckte man die Gerüstkonstruktion weiter nach oben, nachdem man die Horizontalbalken aus den Löchern herausgezogen hatte. Da man diese nun nicht mehr erreichen konnte, ließ man sie offen stehen, was nicht nur bei Mauern aus Naturstein, sondern noch häufiger bei Backsteinbauten, wie

Abb. 3: Schemazeichnung einer Tragwerkkonstruktion mit Zapfenschloß.

Abb. 4 (unten): Gerüstlöcher an der Dorfkirche von Vietlübbe/ Mecklenburg-Vorpommern.

Abb. 5 (rechts): Unverputzte Löcher im Innern der Kirchenruine von Limburg an der Haardt/ Rheinland-Pfalz.

Abb. 6 (rechts unten): Verschlossene Gerüstlöcher an der Stadtkirche von Tribsees/ Mecklenburg-Vorpommern.

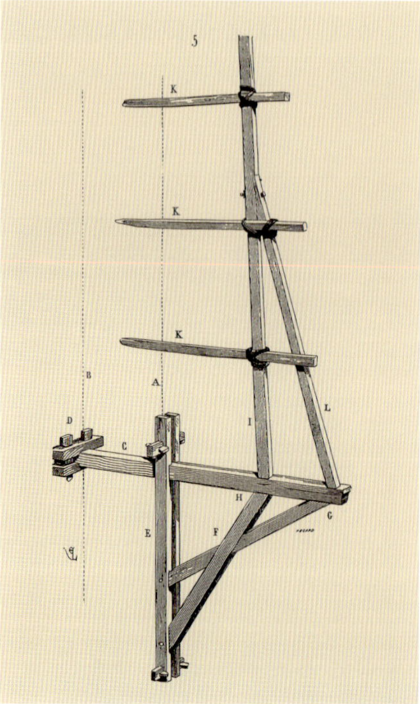

zum Beispiel in Vietlübbe (Abb. 4), vorkommt.

Spätere Zeiten haben sich an den offenen Gerüstlöchern gestört und sie deshalb nachträglich geschlossen, so bei der Stadtkirche von Tribsees, wo man sie bei genauem Hinsehen immer noch erahnen kann (Abb. 6). Im Innenraum sind die Löcher unter den Putzflächen und dem Innenanstrich verborgen. Wo beide fehlen, zum Beispiel bei Ruinen, bleiben sie auch von innen sichtbar, so an der Stiftskirche

Limburg an der Haardt (bei Bad Dürkheim, Rheinland-Pfalz, Abb. 5).

Nicht alle Gerüste werden so solide konstruiert gewesen sein, wie Viollet-le-Duc dies zeichnet, denn es kam trotz aller handwerklichen Sorgfalt der Hüttentradition immer wieder zu schweren Arbeitsunfällen. So stürzte der Baumeister der Kathedrale von Canterbury, Wilhem von Sens, 1178 von dem Gerüst, von dem aus er die Bauarbeiten dirigierte. Er überlebte zwar den Sturz schwerverletzt, versuchte auch, den Bau weiterhin vom Krankenlager aus zu leiten, mußte aber schließlich als Invalide in seine Heimat zurückkehren.

Der wichtigste Vorteil der von unten nach oben wandernden, auskragenden Steckkonstruktionen der Gerüste gegenüber der Gesamteinrüstung vom Boden aus bis zur abschließenden Mauerkrone liegt im sparsamen Umgang mit Bauholz, das im Mittelalter äußerst kostbar war. Denn der Bau der unzähligen Kathedralen, Klosterkirchen, Pfarrkirchen und Kapellen verschlang ganze Wälder. Man brauchte Holz nicht nur für die Gerüste und Leitern, sondern auch zum Aussteifen bei der Einwölbung, für die riesigen Dachstühle und Turmhelme sowie für die Herstellung von Holzkohle. Diese war wiederum Voraussetzung für die Gewinnung von Schmiedeeisen als Anker und Windeisen, von Blei für das Vergießen von Fugen, das Kehlen der Dächer und die Bleisprossen der Fenster sowie für die Glasherstellung. Zu den Gründen für die Einstellung des Kathedralbaues im Spätmittelalter werden nicht nur die Unruhen der Reformationszeit, sondern auch der gravierende Holzmangel nach dem zuvor erfolgten rücksichtslosen Abholzen der Wälder gerechnet.

Abb. 7: Lüftungslöcher in den Engelsköpfen, Marienkirche von Greifswald/Mecklenburg-Vorpommern.

Löcher in den Kappen mittelalterlicher Steingewölbe haben eine ganz andere Bedeutung. Sie sollten wohl zum Luftaustausch zwischen dem meist naßkalten Kirchenraum und dem durch die Sonneneinstrahlung eher warmen und trockenen Dachraum dienen. In der Marienkirche von Greifswald (Abb. 7) wurden sie in das Dekorationssystem der Gewölbemalereien integriert, indem man sie als Mund für die gemalten Köpfe in den Gewölbezwickeln benutzte. Nur wer davon weiß, kann die Löcher als solche wahrnehmen. Ähnlich ging man mit den Lüftungslöchern in den Gewölben der Katharinenkirche von Brandenburg um. Dies ist charakteristisch für die mittelalterliche Kunst, die sich stets bemühte, das technisch notwendige Detail, wenn irgend möglich, auch künstlerisch auszugestalten.

Zum Wegwerfen zu schade

Abb. 1: Romanisches Relief im Tympanon der Südfassade am Münster von Colmar/Elsaß.

Die Südfassade des Münsters in Colmar weist ein stattliches, reich ausgeschmücktes Säulenportal auf (Abb. 1). Bei genauer Betrachtung erkennt man, daß in das spitzbogige, Tympanon genannte Bogenfeld ein rundbogiges Relief mit Darstellungen aus der Legende des Heiligen Nikolaus eingepaßt wurde. Es besteht aus einem anderen, rötlicher gefärbten Stein und ist offensichtlich älter als das darüber als Überleitung zum Spitzbogen eingesetzte Relief mit der Darstellung des Weltgerichts. Meister Humbret, der sich als Baumeister selbstbewußt in der äußeren Statuettenreihe des Portals dargestellt hat, fügte wohl die Arbeit seines noch ganz im romanischen Stil verharrenden Vorgängers in sein gotisches Spitzbogenportal ein. Dies ging jedoch nicht ohne Unregelmäßigkeiten am oberen Rand des Tympanons vonstatten, erkennbar an der unordentlichen Mörtelfuge.

Will man sich vorstellen, zu welchem Typ eines romanischen Säulenportals das ältere Tympanon von Colmar gehört haben könnte, kann man ein Portal aus Gelnhausen (Abb. 2) heranziehen. Es befindet sich in der nördlichen Langhauswand der Marienkirche und dürfte, wie das ältere Relief in Colmar, um 1220 entstanden sein. Auch in Gelnhausen vollzieht sich der Übergang vom romanischen zum frühgotischen Stil im zweiten Viertel des 13. Jahrhunderts durch einen Baumeisterwechsel. Er drückt sich allerdings nicht wie in Colmar innerhalb eines Portals aus, sondern am Wechsel zu den Bauformen des Querschiffs, das von einem jüngeren, hier als Heinrich Vingerhut bezeichneten und ebenfalls figürlich dargestellten Baumeister geschaffen wurde. An der Selbstdarstellung und der Namensnennung kann man das neue Selbstbewußtsein einer am französischen Kathedralbau geschulten, jüngeren Baumeistergeneration erkennen.

Der Vorgang von Colmar könnte sich auch in Neuweiler am Nordportal des Querschiffes der ehemaligen Klosterkirche (Abb. 3) wiederholt haben. Dort thront im Tympanon unter einem mittleren Kleeblattbogen in der Vierung Christus zwischen zwei Engeln, angebetet von zwei knienden Mönchen; der linke ist durch den Krummstab wohl als Abt zu deuten. In den seitlichen Rundbogenarkaden befinden sich die Statuetten von Petrus und Paulus. Der zum Spitzbogen der äußeren Rahmung überleitende obere Teil des Tympanons ist merkwürdig unregelmäßig. Die Fugen weisen auf eine Anstükkelung hin. Auch hat der Stein eine an-

Abb. 2 (oben): Portal der Marienkirche in Gelnhausen/Hessen.

Abb. 3 (unten): Klosterkirche in Neuweiler/Elsaß.

Abb. 4: Relief eines römischen Reisewagens in Maria Saal/Kärnten.

dere Färbung als der Spitzbogenrahmen, der zwar bemalt ist, aber insgesamt härter wirkt. Auch hier in Neuweiler könnte um die Mitte des 13. Jahrhunderts ein jüngerer, bereits in der gotischen Bauhütte von Straßburg geschulter Bildhauer ein älteres, rundbogiges Tympanonrelief aus der Zeit um 1200 wiederverwendet haben.

Man nennt derartige, aus einem anderen Zusammenhang stammende Werkstücke Spolien. Der Grund, sie in Colmar und Neuweiler wiederzuverwenden, lag wohl in der noch nicht sehr weit zurückliegenden Entstehung, wodurch die äußere Form zwar unmodern geworden war, der religiöse und materielle Wert der mit erheblichem Aufwand hergestellten Werkstücke aber zu hoch war, um sie wegzuwerfen.

Abb. 5: Römische Säulen im Chor des Magdeburger Doms/Sachsen-Anhalt.

Andere Gründe müssen zur Einmauerung mehrerer römischer Spolien in die Außenmauern der Propsteikirche von Maria Saal in Kärnten geführt haben, darunter das kulturhistorisch besonders interessante Relief eines römischen Reisewagens (Abb. 4). Die römischen Spolien sollen von Vorgängerbauten an dieser Stelle oder aus der römischen Stadt Virunum stammen, die sich bis zu ihrem Untergang auf dem nahegelegenen Zollfeld erhob.

Als Grund für die Anbringung römischer Baureste an einer christlichen Kirche wird vermutet, daß man damit die bösen heidnischen Geister bannen wollte. Antike Spolien wurden allerdings nur beim Außenbau verwendet.

Wenn in den frühgotischen, ab 1209 erbauten Chor des Magdeburger Domes Säulenschäfte vom ottonischen Vorgängerbau übernommen wurden (Abb. 5), so muß dies andere, positive Gründe haben. Die aus Porphyr, Granit und Marmor bestehenden Säulenschäfte sind zwar ebenfalls heidnisch-römischer Herkunft, waren aber schon von Kaiser Otto I. für den 937 von ihm gegründeten Kirchenbau aus Italien herbeigeschafft worden. Deshalb waren diese Spolien für die Erbauer der neuen Kathedrale im 13. Jahrhundert Gegenstände der Verehrung für Kaiser Otto den Großen, Gründer des Erzbistums Magdeburg, der hier seine Grablege hat. Über seinem Sarkophag aus Stuck liegt eine antike Marmordeckplatte, auch sie also eine Spolie.

In Stein gehauen für die Ewigkeit

So wie Maler und Bildschnitzer blieben auch mittelalterliche Baumeister in der Anonymität einer Zeit, in der die vom Glauben und von der ständischen Ordnung geprägte Gemeinschaft sehr viel, der einzelne wenig galt. Zwar kennen wir bereits den Baumeister, der in der Zeit um 800 für Kaiser Karl den Großen die Pfalzkapelle in Aachen erbaute. Seinen Namen, Odo von Metz, überliefern uns Schriftquellen aus dem Ende des 9. Jahrhunderts. Mehr aber nicht, so daß wir uns kein Bild von seiner Persönlichkeit oder seinen anderen Werke machen können.

Im frühen und hohen Mittelalter war die Fähigkeit des Schreibens und Lesens fast ausschließlich auf die Geistlichkeit beschränkt. Die Baumeister und Handwerker besaßen diese Fähigkeit genauso wenig wie Kenntnisse in der Mathematik. Pergament war kostbar, die wenigen auf Bauwerke bezogenen Urkunden sollten in erster Linie Rechtsverhältnisse festhalten, auch Weihen oder Ablaßerteilungen, nicht aber das Baugeschehen. Wenn in den Schriftquellen ein „magister fabricae“ oder „magister operis“ genannt wird, ist nicht immer restlos zu klären, ob damit der Baumeister als künstlerischer Leiter oder der Bevollmächtigte und Rechnungsführer des Bauherren gemeint ist. Es sei denn, es gibt ein Bildnis, das mit den Attributen Zirkel oder Winkeleisen einen Baumeister ausweist.

Abb. 1: Der Baumeister am Portalbogen am Münster zu Colmar/Elsaß.

Denn so dünn die schriftliche Überlieferung ist, so zahlreich sind die figürlichen Darstellungen mittelalterlicher Baumeister und Werkführer. Das hängt damit zusammen, daß die Werkmeister stets auch Steinmetze und Steinbildhauer waren und deshalb leicht die Gelegenheit für ein Selbstbildnis am Bau nutzen konnten. Doch ist es bei den sehr zahlreichen Köpfen, Büsten und ganzfigürlichen Darstellungen an Konsolen, Portallaibungen, Gewölbediensten und anderen Bauteilen nicht immer einfach festzustellen, ob tatsächlich ein Baumeister gemeint ist.

Abb. 2 und 3: Konsolfiguren im nördlichen Querschiff (links) und im Chor der Marienkirche in Gelnhausen/Hessen.

Ganz eindeutig trifft dies auf die Figur im Profil des äußeren Portalbogens am Münster in Colmar (Abb. 1) zu, denn zum einen trägt sie mit dem Winkeleisen und dem Reißbrett die Standeszeichen des mittelalterlichen Baumeisters, zum anderen wird sie durch die daneben stehende Inschrift als „Maistres Humbret" bezeichnet. Aus dem französischen Titel schließt Kurt Gerstenberg, der das grundlegende Buch über die deutschen Baumeisterbildnisse des Mittelalters geschrieben hat, daß Humbret seine Ausbildung in Frankreich abgeschlossen hat.

Abb. 4: An der Südseite von San Quirico d'Orcia/Toskana.

Man will seine in Colmar ablesbare bildhauerische Handschrift in der Figur eines Tubabläsers vom ehemaligen Lettner des Straßburger Münsters wiedererkannt haben. Von Straßburg aus soll er als Baumeister nach Colmar zum Bau der dritten Martinskirche im Anschluß an die romanischen Vorgängerbauten berufen worden sein. Querschiff und Langhaus gelten als sein Werk, womit er nach Georg Dehio „der Gotik in Colmar zum Siege verhalf".

Die Wanderschaft durch fremde Bauhütten nach Abschluß der Steinmetzlehre gehörte zur Voraussetzung

Abb. 5: Konsolfiguren im Chor von St. Arbogast in Rufach/Elsaß.

für die Ausbildung zum Baumeister. Frankreich war dabei für deutsche Steinmetze ein erstrebenswertes Ziel, weil sich dort die Gotik einige Generationen früher entwickelt hatte. So war wohl auch Heinrich Vingerhut in der Bauhütte einer französischen Kathedrale tätig, bevor er um 1220 in Gelnhausen die Bauleitung über die Marienkirche übernahm und sich am nördlichen Querschiff mit der Namensbeischrift darstellte (Abb. 2). Von der Haltung und der Kleidung entspricht die Darstellung der für Baumeister üblichen, als hockende Tragefigur mit halblangem Gewand, die langen Ärmel mit enganliegenden Bündchen.

Die französische Schulung von Heinrich Vingerhut erkennt man bei der Marienkirche in Gelnhausen an den frühgotischen Formen der turmreichen Ostteile, die sich darin von den schlichten romanischen Westteilen unterscheiden, aber auch an den ausgezeichneten bildhauerischen Arbeiten der Konsolen im Chor (Abb. 3). Das frei herausgearbeitete, spiralförmig verschlungene Rankenwerk hat sein Vorbild in den Rankenkapitellen der Kathedrale von Laon. Ein Kapitell im Erdgeschoß des Querhauses zeigt bereits um 1180 das Motiv der im Rankenwerk hockenden männlichen Figur, in Haltung und Tracht einem Werkmeister ähnlich, in Gelnhausen aber durch eine zweite Figur, auf welche die obere die Füße setzt, von anderer Bedeutung. Vielleicht ist hier der in die Sünde verstrickte Mensch gemeint.

Der hockenden Figur außen an der Südseite der Kollegiatskirche von San Quirico d'Orcia in der Toskana (Abb. 4) jedoch fehlen die Attribute

Abb. 6: In der Bildmitte wahrscheinlich ein Selbstportrait des Tyle von Frankenberg, Westportal des Domes von Wetzlar/Hessen.

eines Werkmeisters. Sie wird deshalb als Atlant gedeutet. Auch die Konsolfiguren im Chor von St. Arbogast im elsässischen Rufach (Abb. 5) stellen wohl kaum Baumeister dar, denn es kommen gleich vier vor, jede mit einem Evangelistensymbol kombiniert. Ist hier Christus gemeint, der auf seinen Schultern die Welt trägt?

Im Bogenscheitel des Portals im unvollendet gebliebenen Westbau des Domes von Wetzlar befindet sich die Darstellung eines männlichen Kopfes (Abb. 6), die als Selbstporträt des Baumeisters Tyle von Frankenberg gilt. Die runde, flache Kopfbedeckung kommt sehr häufig bei Baumeisterfiguren vor, so auch über der Vierung im Regensburger Dom in der ähnlichen Situation eines Bogenscheitels.

Um die Mitte des 14. Jahrhunderts beginnen sich mit den Namen der Baumeister auch Vorstellungen über ihr Lebenswerk herauszubilden. So schuf Baumeister Tyle von Frankenberg nicht nur den neuen Ostchor und die Marienkapelle an der Frauenkirche im hessischen Frankenberg. Er gilt aufgrund einleuchtender Stilvergleiche auch als der Schöpfer des unvollendet gebliebenen Westbaues des Domes in Wetzlar und des Wohnturmes der Burg Hermannstein am dortigen Stadtrand.

Tyle von Frankenbergs Tätigkeit erstreckte sich auf die Zeit um 1350 bis 1380, in der auch Peter Parler tätig war, mit dem die Spätgotik beginnt. Sein umfangreiches Lebenswerk ist mit dem Veitsdom in Prag, der dortigen Allerheiligenkapelle und dem Turm der Karlsbrücke, der Stadtkirche von Kolin und St. Barbara in Kuttenberg verbunden. Wir kennen sein Antlitz von der Büste im unteren Triforium des Veitsdomes in Prag. Von nun an nimmt die schriftliche Überlieferung ständig zu, so wird das Bild der Baumeister für uns immer deutlicher.

Wie man Tiermotive deuten kann

Jede Epoche besitzt ihre eigene Zeichen- und Bildersprache, die vielschichtige Botschaften in sich trägt. Waren sie als Allgemeingut für den gebildeten Zeitgenossen meist ganz leicht zu verstehen, so geben sie dem heutigen Betrachter oftmals Rätsel auf. In der mittelalterlichen Kunst spielt neben einer Vielzahl von figürlichen Darstellungen die Tiersymbolik eine große Rolle. Auch wer nicht ganz bibelfest ist, wird nach und nach manche Szene entschlüsseln, denn besonders wichtige Motive kehren immer wieder, Christussymbole zum Beispiel oder die Symbole der vier Evangelisten. Sie führen in eine Welt, die auf das bessere Leben im Jenseits wartete und die das Unerklärbare schnell mit dem Bösen verband. Eine ganz andere Geisteshaltung entfaltet sich auf Grabmalen des 19. Jahrhunderts, die in zahlreichen Städten noch zu besuchen sind.

Das Einhorn und die Unschuld

Abb. 1: Christussymbole auf einem Elfenbein-Relief im Bayerischen Nationalmuseum München.

Die bekanntesten Tierdarstellungen sind die Symbole der vier Evangelisten: Neben dem Engel ein Ochse, Löwe und Adler. Sie werden ihnen aber erst seit dem 4. Jahrhundert zugeordnet (vgl. Seite 90). Ihre Wurzeln haben die vier Tiere in den Visionen des Propheten Hesekiel, wie er sie in den Versen 4–10 des 1. Kapitels beschreibt. Vor ihrer Verbindung mit den vier Evangelisten, gelegentlich aber auch weiterhin, waren sie Symbole für Christus. So zeigt sie – noch ohne Flügel – ein frühmittelalterliches Elfenbein-Relief im Bayerischen Nationalmuseum München (Abb. 1).

Dabei ist im linken oberen Kreis ein Mensch gemeint, Symbol für die Menschwerdung Christi. Erst durch die Ausstattung aller vier Symbole mit Flügeln, wie beim Tympanon des Nordportals von St. Miguel in Estella (Abb. 2) aus dem 12. Jahrhundert, wurde daraus ein Engel. Doch Hesekiel sagt in Vers 10 ausdrücklich: „Ihre Angesichter waren vorn gleich einem Menschen, und zur rechten Seite gleich einem Löwen ... und zur linken Seite gleich einem Ochsen ... und hinten gleich einem Adler."

Die Typologie des Mittelalters suchte für die Ereignisse des Neuen Testaments die prophetischen Ansätze im Alten Testament, so wie Lukas Christus in Vers 44 seines Kapitels 24 zitiert: „Denn es muß alles erfüllet werden, was von mir geschrieben ist im Gesetz Moses, in den Propheten und in den Psalmen". Daraus kann abgeleitet werden, daß der Mensch die Menschwerdung Christi durch seine Geburt verkörpert.

Für die jungfräuliche Geburt stand im Mittelalter das Einhorn, jenes mystische Fabeltier. Der „Physiologus", eine naturgeschichtlich-religiöse Schrift aus der Zeit zwischen dem 2. und 4. Jahrhundert n. Chr., die ich Ihnen im nächsten Beitrag genauer vorstelle, berichtet, das Einhorn sei so ein wildes Tier, daß es der Jäger nur fangen kann, wenn eine reine Jungfrau in der

Nähe ist, in deren Schoß es zahm seinen Kopf legt. Schon der Physiologus bezieht diese Legende auf die jungfräuliche Geburt Christi aus dem Schoß der Maria, und in der mittelalterlichen Malerei ist es auch stets Maria, in deren Schoß das Einhorn seinen Kopf legt. So stellt es der schöne Einhornteppich in der Kirche St. Gotthardt zu Brandenburg (Abb. 3) dar.

Der Ochse bedeutet den Opfertod Christi, denn seit Urzeiten war er das beliebteste Opfertier. Der Löwe gilt als Symbol der Auferstehung. Denn nach dem Physiologus soll die Löwin ihre Jungen tot gebären und der Löwe sie drei Tage danach zum Leben erwecken (vgl. Seite 77). So hat es der spätgotische Bildschnitzer auf der Wange eines Chorgestühls – jetzt im Bayerischen Nationalmuseum München – oben in der Ranke dargestellt (Abb. 4).

Im unteren Teil erscheint ein anderes Christus-Symbol: der Pelikan. Von ihm berichtet die Sage, daß er seine Jungen tötet, wenn sie die Eltern mit ihren Flügeln schlagen. Die Mutter hackt jedoch nach drei Tagen mit ihrem Schnabel ihre Brust auf und erweckt ihre Jungen mit ihrem eigenen Blut zu neuem Leben. Schon der Physiologus sah darin ein Symbol für Christus, der durch seinen Kreuzestod die Menschheit zum ewigen Leben erweckte. Der Adler schließlich ist das Symbol für die Himmelfahrt Christi.

Abb. 2: Die vier Tiersymbole mit Flügeln, Tympanon von St. Miguel in Estella/Spanien.

Abb. 3: Einhornteppich in St. Gotthardt, Brandenburg.

Abb. 4: Löwe und Pelikan auf einer Chorgestühlwange im Bayerischen Nationalmuseum München.

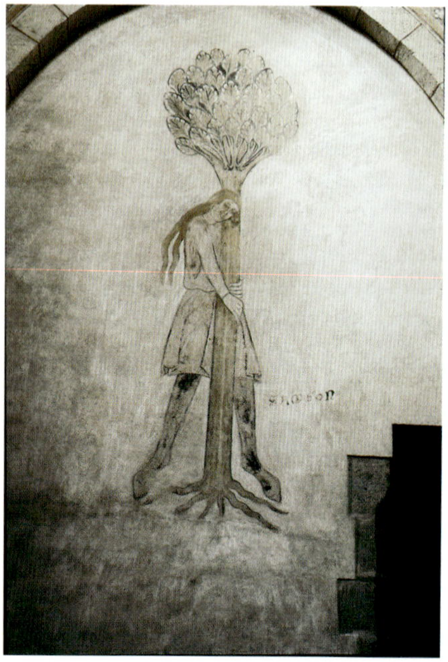

Abb. 5 (rechts): Samson, der einen Baum ausreißt, Limburger Dom/ Hessen.

Die Symbole für Christus sind zahlreich, ebenso die Bemühungen, Gestalten des Alten Testaments als seine Vorläufer darzustellen. Manchmal ist es dabei gar nicht leicht, die inhaltlichen Bezüge zu erkennen, so bei der Darstellung des Samson im Dom zu Limburg (Abb. 5). Stünde da nicht neben der Figur eines langhaarigen Mannes, der einen Baum umfaßt, eindeutig die Bezeichnung Samson, wäre die Identifizierung schwierig. Denn die im Buch der Richter, Kapitel 13–16, überlieferte Geschichte Samsons kennt keine Szene, in der er einen Baum ausreißt.

Das legendenreiche Mittelalter hat sich hier eine zusätzliche ausgedacht. Nachdem Delila ihm die Haare abgeschnitten hatte, wodurch er vorübergehend seine besondere Stärke verlor, er somit wehrlos von den Philistern geblendet und ins Gefängnis geworfen werden konnte, wuchsen ihm dort die Haare wieder, wodurch seine Kraft zurückkehrte. Als die Philister bei einem Fest ihren Spaß mit ihm treiben wollten und ihn kommen ließen, riß er die Säulen des Hauses ein. So kamen er und 3.000 seiner Peiniger ums Leben. Nun reißt er hier keine Säulen um, sondern einen Baum aus. Man deutet dies als Erprobung seiner Kräfte nach dem Verlassen des Gefängnisses, um zu prüfen, ob sie zur Ausführung seiner geplanten Rache ausreichten.

Diese Szene an der Westwand des südlichen Seitenschiffes im Limburger Dom ist eindeutig bezogen auf die Darstellung des Gekreuzigten an der gegenüberliegenden Ostwand. Spielt das Leiden des Samson auf die Passion Christi an, oder ist seine Geschichte ein Symbol für die Kraft, die aus dem christlichen Glauben erwächst und den ungläubigen Menschen schnell verläßt?

Böser Löwe – guter Löwe

In der mittelalterlichen Kunst spielt die Symbolik der Tiere eine große Rolle. Kein Tier ist jedoch so häufig und so gegensätzlich dargestellt worden wie der Löwe. Schon im Altertum wählte man ihn zum Symbol für Macht und Stärke. Unter den vier Weltreichen vertrat der geflügelte Löwe mit Nebukadnezar das babylonische Reich, der zehnfach gehörnte Löwe mit Augustus das römische Imperium. Die Prozessionsstraße Nebukadnezars II. aus Babylon, das Löwentor in Mykene, der Löwenbrunnen in der Alhambra von Granada und der Braunschweiger Löwe zeugen eindrucksvoll davon, wie gern sich die Mächtigen aller Kulturen mit dem König der Tiere schmückten.

In der christlichen Kunst tritt er in unterschiedlichen Rollen auf, mal das Böse, dann wieder das Gute verkörpernd. Dafür liefern schon das Alte und das Neue Testament gegensätzliche Aussagen. In Psalm 22, Vers 22, heißt es: „Hilf mir aus dem Rachen des Löwen ...“, und im ersten Brief des Petrus 5, Vers 8, steht noch deutlicher: „Seid nüchtern und wachet, denn der Teufel, euer Widersacher, geht umher wie ein brüllender Löwe und suchet, welchen er verschlinge.“

Als Verkörperung des Teufels erscheint der Löwe am Vierungspfeiler der Klosterkirche Ilbenstadt in Hessen um 1130 (Abb. 1), wie er gerade einen Menschen verschlingen will. Auch wenn er Tiere wie Hirsche oder Schafe schlägt, wird er mit dem Teufel gleichgesetzt, der auf der Jagd nach der Seele des Menschen ist. Der Fries an der Abteikirche von Andlau im Elsaß um 1130 (Abb. 2) ist in dieser Richtung zu deuten.

Abb. 1 und 2: Der Teufel als Löwe in Ilbenstadt/Hessen (oben) und Andlau/Elsaß.

Die meisten der Portallöwen in Italien stellen Löwen dar, die einen Men-

Abb. 3 (oben): Portallöwe am Dom zu Fidenza/Italien.

Abb. 4 (mitte): Der Löwe wehrt das Böse ab. Kathedrale von Durham/England.

Abb. 5 (unten): Der Löwe kämpft mit dem Drachen, Dom von Modena/Italien.

schen oder ein geschlagenes Tier zwischen den Pranken halten, zum Beispiel beim Westportal des Domes von Fidenza (Abb. 3). Bedeutsam ist hier aber die Schlange auf dem Rücken des Löwen. In der Rolle als Träger der Säule und in Verbindung mit Schlangen, Drachen oder anderem Gezücht sah man im Löwen eine Parallele zur Höllenfahrt Christi mit der Befreiung der Seelen vom Satan.

Zum Ende des 12. Jahrhunderts kämpft der Löwe immer mehr auf der Seite des Guten, etwa, wenn er mit Drachen oder Schlangen ringt, die dann das Böse verkörpern, so auf einem Relief am Dom in Modena (Abb. 5). Zahlreiche Löwenköpfe an Kirchenportalen, hier von der Kathedrale in Durham aus dem 12. Jahrhundert (Abb. 4), dienen nun dazu, das Böse abzuschrecken und am Eindringen in das Gotteshaus zu hindern.

Eine positive Rolle hat dem Löwen schließlich schon das Alte Testament gegeben, denn nach 1. Könige Kapitel 10, Vers 18 f. ließ Salomo einen Thron von Elfenbein und Gold bauen mit zwei Löwen an den Lehnen und zwölf weiteren zu beiden Seiten der sechs Stufen. Beim Bischofsthron des Domes von Monte S. Angelo in Apulien (Abb. 7) ruhen die seitlichen Wangen auf zwei Löwen, beim Wimperg des Westportals des Straßburger Münsters hocken auf den sechs Stufen zwölf Löwen unterhalb der thronenden Muttergottes auf der Spitze.

Im 1. Buch Mose Kapitel 49, Vers 9 wird dem Löwen durch den Vergleich mit dem Stamme Juda eine große Bedeutung eingeräumt. Johannes wird in seiner Offenbarung Kapitel 5, Vers 5 noch deutlicher: „Siehe, es hat überwunden der Löwe, der da ist vom Geschlecht Juda, die Wurzel Davids, aufzutun das Buch und seine sieben Siegel.“ Damit klingt ein erster, noch versteckter Vergleich mit Christus an, der in frühchristlicher Zeit vom Physiologus aufgegriffen wird. Dies ist eine aus der Zeit zwischen dem 2. und 4. Jahrhundert nach Christus stammende Schrift, die sich mit der symbolischen Bedeutung von rund 50 Tieren, Pflanzen oder Phantasiegebilden wie dem Einhorn befaßt. Der Physiologus war weit verbreitet, wovon die heute noch zahlreich erhaltenen Exemplare zeugen, und ist für die Deutung mittelalterlicher Symbole sehr wichtig.

Ihm zufolge machen drei Verhaltensweisen den Löwen zum Symbol für Christus: Erstens verwischt er seine Spuren mit dem eigenen Schweif, was als Geheimnis der Menschwerdung Christi gedeutet wurde. Zweitens schläft er mit offenen Augen, worin man den scheinbaren Tod des Leibes Christi am Kreuz und das gleichzeitige Wachen seiner Gottheit sah. Und drittens soll die Löwin nach der Vorstellung des Physiologus ihre Jungen tot gebären. Diese werden nach drei Tagen durch das Gebrüll des Löwen zum Leben erweckt, wie es um 1270/80 besonders anschaulich in einem Glasfenster aus Bad Wimpfen im Tal – heute im Hessischen Landesmuseum in Darmstadt – (Abb. 6) dargestellt ist. Wenn der Löwe in spätromanischen Darstellungen ohne Jagd auf andere Tiere erscheint und dann wie am Chor der Stiftskirche von Wunstorf aus der Zeit um 1200 (Abb. 8) mit Weinranken – auch einem Christussymbol – umgeben ist, steht er für Christus.

Abb. 6 (links): Der Löwe erweckt seine Jungen, Fenster von St. Peter in Bad Wimpfen im Tal/Baden-Württemberg.

Abb. 7 (rechts): Löwen am Bischofsthron in Monte Sant' Angelo/Apulien.

Abb. 8: Der Löwe als Christussymbol mit Weinranken; Stiftskirche in Wunstorf/Niedersachsen.

Abb. 9: Markuslöwe auf einer Konsole im Dom von Fidenza/Italien.

Wie wurde er jedoch zum Symbol des Evangelisten Markus? Als solcher findet er sich natürlich am häufigsten als Markuslöwe in Venedig, aber auch an einer Konsole im Chor des Domes von Fidenza, Ende des 12. Jahrhunderts (Abb. 9). Ursprünglich ist im Alten Testament bei Hesekiel, Kap. 1, und im Neuen Testament in der Offenbarung, Kap. 4, Vers 6–8, nur von den vier geflügelten Wesen Mensch, Stier, Löwe und Adler als Gottesvision die Rede. Erst um das Jahr 200 erfolgte die Zuweisung an die Evangelisten, jedoch noch ohne eine Festlegung im einzelnen, die erst Hieronymus und Gregor der Große im 4. Jahrhundert vornahmen. Matthäus als Mensch – wegen der Flügel später als Engel mißdeutet – steht dabei für die Menschwerdung Christi, der Stier des Lukas für Christi Opfertod, der Löwe für die Auferstehung und der Adler für die Himmelfahrt (vgl. S. 72 und S. 90).

Mit meinen Aufzählungen sind noch nicht alle Bedeutungsgehalte des Löwen erschöpft. Auf einem Emailledeckel im Domschatz von Fritzlar wird er durch die Beischrift als Symbol des Lebens bezeichnet, eine Rolle, die im allgemeinen dem Phönix zukommt. Als Symbol der Tapferkeit stellt ihn Giotto dar, wenn er ihn auf dem Schild der Fortitudo erscheinen läßt. Nun hoffe ich, daß Ihnen, liebe Leser, die Löwenszenen an mittelalterlichen Bauwerken sagen, ob gute oder böse Löwen gemeint sind.

Von der Jagd des Teufels nach der Seele

In den Außenmauern mittelalterlicher Kirchen finden sich häufig aus Stein gemeißelte Darstellungen wilder Tiere oder ganze Jagdszenen. Besonders häufig treten sie im 12. Jahrhundert auf und sind kein bloßer Bilderschmuck, sondern hatten wie alle künstlerischen Werke eine religiöse Bedeutung. Sie stellen das Böse dar, das den heiligen Raum der Kirche umlagert. Zugleich sollen sie aber auch die teuflischen Mächte abschrecken und vom sakralen Innenraum fernhalten.

Nach der Vorstellung des Mittelalters kam das Heil aus dem Osten, deshalb sind die Kirchen mit dem Sanktuarium dorthin ausgerichtet. Aus dem Westen kam das Böse, der Teufel. Darum wurden hier die Türme angeordnet, die als Wehrbauten sowohl der Verteidigung gegen irdische Feinde als auch gegen die Mächte des Höllenfürsten errichtet wurden.

Die frühesten, in Mitteleuropa bekannten Türme auf dem Plan von St. Gallen aus der Zeit um 820 tragen die Namen der Erzengel Michael und Gabriel, der Wächter der Himmelspforte, für die das Kirchenportal als Symbol steht. Wer das Tor zum Himmel dereinst durchschreiten darf, entscheidet das Jüngste Gericht, das man in der romanischen, mittelalterlichen Kunst häufig als Drachen oder Löwen darstellte, die Menschen verschlingen. An die Stelle der Tiersymbolik tritt im Tympanon des Westportals in Autun (Burgund) bereits die figurenreiche Darstellung von Christus als Weltenrichter, wie sie für die Gotik üblich wurde. Wegen dieser Beziehungen zum Jüngsten Gericht nutzte man die Westvorhallen der Kirchen häufig als Stätte der Rechtsprechung.

An der Westfassade der Kirche von Andlau im Elsaß (Abb. 1) erkennt man links einen aus der Höhle – als Hölle zu sehen – herauskommenden Drachen, der im Begriff ist, einen Mann zu verschlingen, woran ihn ein gewappneter Krieger zu hindern sucht. Weiter rechts hält ein Reiter das Pferd des zu Fuß

Abb. 1: Drachenrelief an der Westfassade der Kirche von Andlau/Elsaß.

Abb. 2: Drache am Vierungspfeiler in der Kirche von Ilbenstadt/Hessen.

Abb. 3 (rechts): Zentaur am Portal des Domes von Modena/Italien.

Abb. 4: Hunde jagen ein Tier. Westportal der Kirche Großen-Linden/Hessen.

kämpfenden Ritters bereit. Der Legende nach soll hier Dietrich von Bern dargestellt sein, der seinen Diener Hildebrand aus dem Schlund des Drachens errettete. Er ist hier das Sinnbild des christlichen Ritters, der vom Teufel bedrängte Seelen erlösen hilft, so wie dies auch die Heiligen Michael und Georg im Kampf mit dem Drachen tun, denen deshalb häufig die Kapellen in den Westtürmen geweiht wurden.

Nach der Schlange, die ja schon beim Sündenfall das Böse vertrat, ist der Drache das am häufigsten verwendete Symbol für den Teufel. Er kommt in der Sagenwelt vieler Völker so häufig vor, daß man vermuten möchte, in ihm die Erinnerung an die letzten Dinosaurier der Vorzeit weiterleben zu sehen. Jedenfalls verkörpert er das Gefährliche, das unheimlich Bedrohliche: das, was für die mittelalterlichen Menschen nicht erklärbar war. Der Drache hat in den meisten Darstellungen den Körper einer Echse, den Kopf und die beiden Vordertatzen eines Raubtiers und die Flügel eines Vogels. Im hessischen Ilbenstadt (Abb. 2) hält er mit dem einen Schwanz ein Tier umschlungen, während er sich gegen den Angriff eines Zentaurs, eines Mischwesens aus Mensch und Pferd, wehrt.

Merkwürdig an dieser Darstellung ist zweierlei, zum einen, daß sie sich im Inneren einer Klosterkirche am Vierungspfeiler findet, zum anderen, daß ein Symbol des Bösen ein anderes angreift. Denn auch mit der aus der griechischen Mythologie stammenden Figur des Zentauren stellte man im

Mittelalter den Teufel dar. Im Physiologus ist der Zentaur noch das Sinnbild des Häretikers, doch bereits der Kirchenlehrer Hieronymus (um 347 bis 419/20) läßt dem heiligen Antonius den Teufel in der Gestalt eines Zentauren entgegentreten.

Am westlichen Mittelportal des Domes von Modena (Abb. 3) tritt der Zentaur allein auf und verkörpert wohl mehr den Schützen des Tierkreises als den Teufel. In der Szene darunter aber wird ein Löwe von einer zweiköpfigen Schlange angegriffen. Er ist hier also wieder auf der Seite des Guten, zu dem er sich im Laufe des 12. Jahrhunderts gewandelt hatte.

Regelrechte Jagdszenen verkörpern die Verfolgung der menschlichen Seele durch den Teufel. Im inneren Bogen des Westportals der Kirche von Großen-Linden in Hessen (Abb. 4) jagen die Hunde eines Jägers ein Tier, das wegen der Primitivität des Reliefs schwer zu identifizieren ist, während dies bei dem künstlerisch sehr hochrangigen Fries am Chor der Klosterkirche von Königslutter in Niedersachsen (Abb. 5) unproblematisch ist. Hier jagt ein Hund einen Hirsch, in einer zweiten Szene (Abb. 6) hat ein anderer einen Hasen gepackt. Die Deutung der Jagdszenen als die vom Teufel verfolgte menschliche Seele kann sich auf Psalm 91,3 stützen: „Denn Er errettet dich vom Strick des Jägers und von der schädlichen Pestilenz“.

Abb. 5 und 6: Hund und Hirsch (oben), Hund und Hase; Klosterkirche Königslutter/Nieders.

Da man in den niederdeutschen Küstengebieten keinen Naturstein für individuelle Steinmetzarbeiten hatte, auf die Bestien als Symbol des die Kirche umkreisenden Bösen aber nicht verzichten wollte, stellte man es zum Beispiel im mecklenburgischen Steffenshagen (Abb. 7) als Fries von serienmäßig, jeweils mit derselben Form hergestellten Terrakottafiguren von Löwe, Greif, Leopard und Tiger dar.

Abb. 7: Löwe, Greif, Leopard und Tiger an der Kirche von Steffenshagen/Mecklenburg-Vorpommern.

Die Seele ist ein Schmetterling

Abb. 1 (links) und 2 (Mitte): Abgestorbene Baumstämme als Grabstein.

Abb. 3 (rechts): Abgebrochene Säule als Todessymbol.

Grabplatten und Gedenksteine vom Mittelalter bis zum Barock zeigen meist die oder den Verstorbenen stehend oder kniend unter einer Kreuzigung, der Darstellung des Auferstandenen Christus oder der Muttergottes. Vom Ende des 18. Jahrhunderts an ändern sich Form und Inhalt der Grabdenkmäler auffallend. An die Stelle der zuvor bevorzugten Grabplatten mit der figürlichen Darstellung der Dahingeschiedenen treten jetzt Stelen, Obelisken oder Säulen mit einer neuen Art von symbolischem oder dekorativem Schmuck. Der Klassizismus nahm die griechische und römische Antike zum Leitbild seines Schaffens. Wie kaum ein anderer Stil zuvor war er literarisch und wissenschaftlich vorbereitet worden. Zu seinem bekanntesten Wegbereiter wurde Johann Joachim Winckelmann (1717–1768), der 1764 in seiner „Geschichte der Kunst des Altertums" das Wesen der griechischen Kunst als „edle Einfalt und stille Größe" bezeichnete.

Antike Vorbilder für Grabdenkmäler mußten als Zeugnisse heidnischer Kulturen eigentlich mit dem christlichen Glauben der Verstorbenen wie auch der trauernden Hinterbliebenen kollidieren. Hier hatte der in die Aufklärung mündende Rationalismus den Weg in eine wesentlich nüchternere Betrachtung des Todes bereitet. Denn in der Ablehnung alles Irrationalen und jeglicher Metaphysik stellte er die bis dahin ungebrochene Hoffnung auf eine Wiederauferstehung nach dem

Tode in Frage. Die Natur mit ihrem Werden und Vergehen wurde zum Vorbild. Da war es für den Grabstein des herzoglich nassauischen Oberförsters Georg Krückeberg (1795–1859) auf dem Alten Friedhof an der Platter Straße in Wiesbaden (Abb. 1) naheliegend, den geborstenen Stamm eines abgestorbenen Baumes in Stein auf das Grab zu stellen. Kein neuer Trieb sprießt hier aus dem morschen Holz, der Tod ist endgültig. Anders beim Grabmal für den 1835 verstorbenen Johann Traugott Schneider auf dem Nikolai-Friedhof in Görlitz (Abb. 2), bei dem ein frischer Trieb mit Blättern von neuem Leben kündet. Vielleicht soll es bedeuten, daß er in seinen Kindern und Enkeln weiterlebt.

Ein beliebtes Symbol auf protestantischen Grabdenkmälern des frühen 19. Jahrhunderts ist der Schmetterling. Auf der Stele für Johanna Elisabeth Schinck, geb. Schulz (1743–1809) in Görlitz (Abb. 4) findet er sich unterhalb des bekrönenden Giebeldreiecks. Häufig wird die Darstellung des Schmetterlings mit dem Bild einer Raupe verbunden. Letztere ist das Symbol für die Erdgebundenheit des Menschen, aus der er als geflügeltes Wesen in eine höhere, bessere Welt entschwebt. Hier fühlt man sich an die mittelalterlichen Darstellungen erinnert, bei denen die dem toten Körper entweichende Seele als kleines Kind dargestellt wurde. Doch könnte man auch an die Reinkarnation denken, die Seelenwanderung im Glauben von Hindus und Buddhisten.

Abb. 4 (links): Schmetterling als Auferstehungssymbol.

Abb. 5 (rechts): Die abgelaufene Stundenuhr.

Die abgebrochene Säule auf dem Grab der Marie Katharine Stuber (1853–1863) auf dem erwähnten Alten Friedhof in Wiesbaden (Abb. 3, 5) symbolisiert das unvollendete Leben des nur zehn Jahre alt gewordenen Mädchens, unterstützt von den gekreuzten, nach unten gerichteten Fakkeln, die man am Boden ausdrückt, um sie zum Verlöschen zu bringen. An der Basis der Säule findet sich als weiteres Symbol des abgelaufenen irdischen Lebens die Stundenuhr, jedoch mit Flügeln. Sind es die Flügel des Chronos, dem Gott der Zeit, wie die antike Welt den Sensenmann des Mittelalters darstellte? Oder sind es Engelsflügel?

Die Engel erhalten in dieser Zeit die Gestalt der antiken Genien und werden bei Grabmälern mit der nach unten gerichteten Fackel als Zeichen für den verlöschenden Genius dargestellt, so bei der Grabstele auf dem Alten Friedhof in Gießen für Friedrich Carl Rumpf,

Abb. 6: Engel in Gestalt eines antiken Genius mit nach unten gerichteter Fackel.

Abb. 7: Sanduhr mit Flügeln als Zeichen des Todes.

Abb. 8: Umschwung zu mittelalterlichen Vorbildern: gotische Fiale als Grabstein.

Professor für Philosophie und Theologie, gestorben 1824 (Abb. 6). Nachdenklich stützt der Genius beim Betrachten der Urne des toten Gelehrten den Kopf auf seinen rechten Arm. Geflügelte Wesen in weiblichen Formen mit einem Lorbeerkranz in der Hand schweben auf vielen Grabsteinen dieser Zeit über dem Bildnis von Verstorbenen oder deren Urnen. Der christliche Engel in der Gestalt der griechischen Siegesgöttin Nike verheißt so unsterblichen Ruhm. Sehr merkwürdig fand ich es, auf der Rückseite des Grabsteins für den bekannten Göttinger Professor und Bibliothekar Christian Gottlob Heyne (1729–1812) Schleifrillen zu finden, werden sie doch allgemein als Spuren eines Fetischismus gedeutet. Wie paßt das zum Grabstein eines Wissenschaftlers im Zeitalter der Aufklärung?

Nicht lange konnte die Menschheit mit der Hoffnungslosigkeit des Rationalismus leben. Mit der Romantik und dem Pietismus wandte sich die Kunst von der Antike ab und dem Mittelalter zu. Der Grabstein für Gustav Adolph Althausse (1790–1855) auf dem Alten Friedhof in Wiesbaden (Abb. 7/8) hat nicht mehr die Form eines Obelisken, sondern die einer gotischen Fiale mit Maßwerk, Krabben und einst auch einer bekrönenden Kreuzblume. An der Rückseite der unteren Schräge des Fialenhelmes (Abb. 7) findet sich zwar noch die geflügelte Sanduhr als Zeichen des Todes, an den drei anderen aber Kreuz, Herz und Anker, die christlichen Symbole für Glaube, Liebe und Hoffnung. Jetzt war die Zeit des Historismus und des Pietismus gekommen, in der aus römischen Genien wieder christliche Engel wurden, die uns nun häufig in trauernd-kniender Haltung auf den Gräbern begegnen.

Was sich hinter Zahlen verbirgt

Bereits im Geistesleben der Babylonier und Griechen spielten die Zahlen nicht nur zum Rechnen eine große Rolle. Mit dem Christentum kristallisierten sich aus Ereignissen und Symbolen des Alten und Neuen Testaments vorwiegend die Drei, die Vier, die Sieben und die Zwölf als heilig heraus. Zahlen sind jedoch nicht aus sich heraus heilig, sondern sie symbolisieren theologisch bedeutsame Gestalten, Glaubensinhalte und Ordnungsprinzipien. Ist man dieser Symbolik auf der Spur, begegnet sie einem überall. Man findet sie in mannigfaltigen Werken der bildenden Kunst und Architektur, aber auch in Märchen und Volksliedern – oder man stellt überrascht fest, wie oft der allgemeine Sprachgebrauch Zahlenbilder benutzt, deren Ursprung uns oft gar nicht mehr bewußt ist.

Ihre Heiligkeit die „Drei"

Abb. 1: Der Gnadenstuhl in St. Peter in Fritzlar/ Hessen.

An erster Stelle nicht nur nach der numerischen Reihenfolge, sondern vom theologischen Rang her, steht die Drei, das Symbol der Dreieinigkeit von Gottvater, Sohn und Heiligem Geist. Künstlerisch ist die Dreieinigkeit sehr schwer darzustellen, denn weder die Dreiheit in der Einheit noch die Einheit in der Dreiheit lassen sich sinnlich begreifen und damit gegenständlich wiedergeben. Dies gilt vor allem für den Heiligen Geist, für dessen Ausgießung am Pfingsttage man schon Hilfsmittel wie die Flämmchen über den Köpfen der Apostel wählte. Üblicherweise wird der Heilige Geist durch eine Taube vertreten.

Die künstlerisch anspruchsvollste Darstellung der Trinität ist der sogenannte Gnadenstuhl (Abb. 1): Wie hier in St. Peter in Fritzlar sitzt Gottvater auf dem Thron oder einem Regenbogen und hält in seinem Schoß den Kruzifixus, zwischen oder über beiden schwebt die Taube.

Über diese eindeutig erkennbare künstlerische Wiedergabe der Dreifaltigkeit hinaus gibt es zahlreiche versteckte Symbole, die wir nicht auf den ersten Blick deuten können, da wir nach dem Humanismus und besonders dem Zeitalter der Aufklärung das Wissen um die Gedankenwelt des Mittelalters vielfach verloren haben.

Ein Fresko in der Krypta des Domes zu Parma (Abb. 2) zeigt in einem Vierpaß Gottvater oder Christus mit drei Gesichtern in einem vereint. Das Gesicht in der Mitte ist frontal gemalt, die beiden anderen rechts und links im Profil. Dreimal tauchen Mund und Nase auf, die beiden Augen sind für alle drei Gesichter bestimmt. Fehlstellen im Fresko durch den partiellen Verlust der Malschicht erschweren die Deutung, ob die rechte Hand eine Weltkugel hält oder zum Segensgestus erhoben war, was der Einheit von Gottvater und Gottes Sohn am nächsten käme. Die auf die Bibel gelegte linke Hand symbolisiert den Heiligen Geist.

Eine ähnliche Symbolik für die Dreieinigkeit durch einen Kopf mit einem dreifachen Gesicht gibt es auf einem Gemälde in der Pfarrkirche zu Wormditt in Ostpreußen (Abb. 3), die vom Beginn des 15. Jahrhunderts stammen soll. Das hier gezeigte Bild sandte uns eine Leserin zu.

Die Darstellung eines Kopfes mit drei Gesichtern erinnert an den Januskopf als Monatsbild für den Januar. Im allgemeinen hat der Janus zwar nur zwei Gesichter, in einem Glasgemälde der Kathedrale von Chartres wird er aber mit drei Gesichtern dargestellt. Hier ist er zugleich das Symbol für Vergangenheit, Gegenwart und Zukunft und für die drei Lebensalter, bei denen Gottvater als Greis, Christus im mittleren Lebensalter und der Heilige Geist als bartloser Jüngling erscheint.

Ist bei den hier geschilderten Beispielen ein theologischer Bezug zur Dreifaltigkeit eindeutig, so offenbart er sich schwerer bei den drei Hasen, die so angeordnet sind, daß sie jeweils ein Ohr gemeinsam haben. Unter den vielen mittelalterlichen Darstellungen mit diesem Symbol der Dreieinigkeit sollen nur zwei genannt werden, die sich in sakralen Räumen befinden: in einem Maßwerkfenster des Kreuzgangs im Dom von Paderborn (Abb. 4) und einem Schlußstein im Dom zu Münster. Zu den anthropomorphischen Vorstellungen von der Dreifaltigkeit gehören auch Darstellungen eines Kör-

Abb. 2: Fresko in der Krypta des Domes zu Parma/Italien.

Abb. 3: Dreigesicht in der Kirche St. Johannis in Wormditt/Polen (ehem. Ostpreußen).

Abb. 4: Maßwerkfenster im Kreuzgang des Doms von Paderborn, Westfalen.

Abb. 5: Drei Fenster an der Stadtkirche von Bad Sülze/ Mecklenburg-Vorpommern.

Abb. 6: Dreiteilung im Maßwerk an der Neustädter Kirche, Eschwege/Hessen.

pers mit drei Köpfen, die ein menschliches oder tierisches Wesen zeigen.

Mit den verschiedenen figürlichen Wiedergaben der Trinität erschöpft sich deren Auftreten in der mittelalterlichen Kunst keineswegs. So ist auch das gleichseitige Dreieck als Symbol für die Dreifaltigkeit zu deuten. Das Auge Gottes wird allerdings erst in der Zeit nach der Reformation hineingeschrieben. Von vielen Bauhistorikern wurde an zahlreichen Beispielen die Verwendung des gleichseitigen Dreiecks für die Konstruktion von Grundriß und Aufbau mittelalterlicher Kirchen nachgewiesen. Dieses Entwurfsschema heißt Triangulation. Es erhält über den technischen Vorgang hinaus eine symbolträchtige Bedeutung, wenn man die Deutung des Dreiecks als Symbol für die Dreieinigkeit anerkennt.

Dann erklärt sich auch die besonders häufige Kombination dreier Fenster, die von einem Überfangbogen zusammengefaßt werden (Abb. 5), oder die ungewöhnlich zahlreichen Dreiblätter, Dreipässe und rotierenden drei Fischblasen im Maßwerk gotischer Sakralbauten, wie hier am Chor der Neustädter Kirche in Eschwege (Abb. 6).

Daß die Drei nicht nur die Dreieinigkeit, sondern auch die drei Lebensalter des Menschen symbolisiert, wurde bereits angeführt. Sie steht aber auch für die drei im Mittelalter bekannten Erdteile Europa, Asien und Afrika. Als deren Repräsentanten treten wiederum die Heiligen Drei Könige auf, zugleich werden sie häufig durch die Haar- und Barttracht zu Symbolen für die drei Lebensalter verwandt. Ein besonders deutliches Beispiel dafür ist Stephan Lochners großartiges Anbetungsbild im Kölner Dom (Abb. 7, 8). Die drei Gesichter zeigen den weißbärtigen Greis, den Vollbärtigen im mittleren Alter in voller Manneskraft und im Hintergrund den Jüngling. Seltener werden die drei Könige auch den drei Völkerstämmen der Erde zugeordnet, wobei

Niccolò Pisano an seiner Kanzel im Dom zu Siena den Mohren als Repräsentanten von Afrika besonders treffend gekennzeichnet hat.

Schließlich sei noch auf die drei theologischen Tugenden von Glaube, Liebe und Hoffnung hingewiesen.

Wie oft die Drei auch im profanen Bereich symbolhaft verwendet wird, kann hier nur angedeutet werden. Schier unerschöpflich ist bereits die Märchenwelt, denn die gute Fee räumt stets drei Wünsche ein, König Lear hat bei Shakespeare drei Töchter, ein Märchen handelt vom Teufel mit den drei goldenen Haaren. Nach dem lateinischen Grundsatz „tres sunt consilium" bilden drei Personen einen Rat. Nicht zufällig heißt es im Gedicht von Nikolaus Lehnau: „Drei Zigeuner sah ich einmal sitzen an einer Weide" oder in einem Volkslied: „Drei Lilien, drei Lilien, die pflanzt ich auf ein Grab".

Gewiß fallen Ihnen, verehrte Leser, noch viele Beispiele für die zunächst zufällig erscheinende Verwendung der Drei ein. Erst bei etwas Nachdenken erschließt sich uns das Symbolhafte, erweist es sich, daß in der Kunst wie auch in unserer Alltagssprache mehr steckt als nur die äußere Form.

Abb. 7 und 8: Altar der Stadtpatrone, Stephan Lochner, Kölner Dom.

Begegnungen mit der „Vier“

Abb. 2: Mühlenaltar in der Thomaskirche von Tribsees/ Mecklenburg-Vorpommern.

Abb. 1: Gewölbemalerei in St. Albani in Göttingen/ Niedersachsen.

Zur heiligen Zahl Vier fallen uns zuerst die vier Evangelisten ein, wie sie sehr häufig mit ihren Symbolen, dem Engel für Matthäus, dem Löwen für Markus, dem Adler für Johannes und dem Stier für Lukas abgebildet werden (vgl. S. 72). Diese Attribute werden ihnen aber erst seit dem 4. Jahrhundert zugeordnet und stammen sowohl vom Propheten Hesekiel (1. Kapitel, Vers 5–10) als auch aus der Offenbarung des Johannes (4. Kapitel, Vers 6–8). Dabei ist das Symbol des Matthäus erst durch die Verleihung der Flügel an alle vier Evangelisten zum Engel geworden. Es wird in den Quellen „Mensch" genannt. Er steht für die Menschwerdung Christi, wie der Stier für seinen Opfertod, der Löwe für seine Auferstehung und der Adler für seine Himmelfahrt. Der Stier war im heidnischen Altertum das beliebteste Opfertier. Der Löwe gilt als Symbol für die Auferstehung, weil die Löwin nach der vom Physiologus überlieferten Legende ihre Jungen tot zur Welt bringt, und der Löwe sie am dritten Tag durch Anbrüllen oder Anblasen zum Leben erweckt. Der Adler soll gemäß Physiologus im Alter erblinden, nach dem Aufsuchen einer klaren Quelle aber zur Sonne fliegen und sich verjüngen.

Abb. 3 und 4: Bronzetaufbecken in St. Marien in Rostock/ Mecklenburg-Vorpommern.

Die Zuordnung der vier Symbole zu den einzelnen der vier Evangelisten nahm Hieronymos als einer der vier Kirchenväter vor. Markus erhielt den Löwen, weil er von der Wüstenpredigt Jesu berichtet und der Löwe als Wüstentier gilt. Matthäus überlieferte den Stammbaum Jesu, also dessen Menschwerdung. Lukas schildert das Opfer des Zacharias, und Johannes erhielt den Adler wegen der Erhabenheit des Prologs zu seinem Evangelium.

Meist werden die vier Evangelisten als menschliche Gestalten dargestellt, denen ihre Symbole zu Füßen sitzen. Vielfach werden sie auch allein durch ihre Symbole vertreten, wie zum Beispiel der Lukas in den freigelegten gotischen Gewölbemalereien von St. Albani in Göttingen (Abb. 1). Gelegentlich, wie beim Mühlenaltar in der Thomaskirche von Tribsees (Kreis Nordvorpommern, Abb. 2), erhalten ihre menschlichen Gestalten die Köpfe ihrer Symboltiere.

Bis in das frühe Mittelalter wurden die vier Evangelisten oft als Lämmer am Fuß des Paradiesberges wiedergegeben, dem die vier Evangelien in Gestalt der vier Paradiesesflüsse entströmen. Diese gehen auf 1. Mose, 2. Kapitel, Vers 10–14 zurück und heißen Pison, Gichon, Euphrat und Tigris. So wie man in der Antike Flüsse als bärtige Männer darstellte, die Amphoren ausleeren und so das Quellwasser symbolisieren, erscheinen auch die vier Paradiesesflüsse in der christlichen Kunst, zum Beispiel beim Bronzetaufbecken von 1290 in der Marienkirche von Rostock (Abb. 3 und 4). Da das Taufwasser den Paradiesesflüssen entstammen soll, ist ihre Verwendung als Trägerfiguren für ein Taufbecken auch besonders sinnvoll.

Abb. 5: Gewölbefresko im Dom zu Limburg/Hessen.

Abb. 6: Deckenfresko im Schloß Fasanerie bei Fulda/Hessen.

Doch weisen die Beschriftungen auf ihren Amphoren sie als die vier Elemente Aqua (Wasser, Abb. 4), Terra (Erde), Aer (Luft) und Ignis (Feuer) aus, wie sie bereits Empedokles für den Aufbau der Welt nannte. Sie werden aber gewöhnlich ganz anders dargestellt, zum Beispiel das Wasser als ein Mann mit Fischen, die Erde als eine Frau, die Tiere an ihrer Brust nährt, so wie es im Dom zu Limburg um 1235 ein Gewölbefresko (Abb. 5) zeigt.

Die Vier kehrt auch in den vier Tageszeiten Morgen, Mittag, Abend und Nacht wieder, desgleichen in den vier Jahreszeiten Frühling, Sommer, Herbst und Winter, besonders gern im Barock als Supraporten über den Türen in Schlössern abgebildet. Da zu dieser Zeit Amerika schon entdeckt war, kennt man jetzt auch vier Kontinente Europa, Asien, Afrika und Amerika und macht sie häufig zum Gegenstand von Gemälden, so beim Deckenfresko im Treppenhaus von Schloß Fasanerie bei Fulda (Abb. 6). Weiterhin tritt die Vier bei den vier apokalyptischen Reitern, den vier letzten Dingen Tod, Gericht, Himmel und Hölle, den vier Weltreichen des Altertums Babylon, Persien, Griechenland und Rom, den vier Himmelsrichtungen Osten, Süden, Westen und Norden, den vier Erzengeln Michael, Gabriel, Raphael und Uriel, sowie den seit Platon geltenden vier Kardinaltugenden Klugheit, Tapferkeit, Mäßigkeit und Gerechtigkeit auf.

Im Kirchenbau spricht man von der Vierung und dem Vierpaß. – Von der harten Strafe, gevierteilt zu werden möchte ich lieber schweigen. Vier Adventsonntage feiern wir in der Vorfreude auf Weihnachten und verschenken zu Sylvester das vierblättrige Kleeblatt, das Glück bringen soll.

Auch die „Fünf“ hat es in sich

Die „Sieben“ übertrifft alles

Abb. 1: Die fünf törichten und fünf klugen Jungfrauen auf dem Taufbecken von St. Marien in Rostock/Mecklenburg-Vorpommern.

Nach den „Begegnungen mit der Vier“ wollte ich eigentlich gleich zur Sieben übergehen. Inzwischen habe ich aber festgestellt, daß auch die Fünf bedeutsam ist, so daß ich diese Zahl nicht übergehen möchte. Sie erscheint bei den fünf Sinnen, den fünf Büchern Mose und bei den fünf klugen und fünf törichten Jungfrauen. Über letztere berichtet der Evangelist Matthäus in seinem 25. Kapitel, Vers 1–13. Auf dem Deckel des im vorigen Beitrag gezeigten Bronzetaufbeckens aus der Marienkirche in Rostock (Abb. 1) sind sie dargestellt. Mehr habe ich zur Fünf nicht aufspüren können.

Um so größer sind die bildlichen und sprichwörtlichen Beziehungen zur Sieben, wohl die Zahl mit dem stärksten Symbolgehalt. Dieser beginnt mit der Schöpfungsgeschichte, bei der Gott in sechs Tagen die Erde schuf und am siebten Tage ruhte, und dadurch bis heute unseren Lebensrhythmus mit der Einteilung der Woche in sieben Tage bestimmte. Die

konnten den Traum nicht deuten, wohl aber Joseph, der auf die kommenden sieben reichen und die folgenden sieben schweren Jahre für Ägypten hinwies.

Der hohe Symbolgehalt der Sieben äußert sich auch im klassischen Altertum, man denke nur an die sieben Weltwunder, die sieben Hügel Roms, die damals benannten sieben Planeten

Abb. 2 und 3: Sieben Türme haben die Kirche St. Etienne in Caën/Frankreich und der Limburger Dom/Hessen.

Sieben hat vor allem für den jüdischen Glauben eine große Bedeutung durch den siebenarmigen Leuchter, der einst im Tempel zu Jerusalem stand, von den Römern geraubt wurde, wie man auf einem Relief am Titusbogen im Forum von Rom sehen kann. Im 41. Kapitel des 1. Buches Mose, Vers 1–7, erscheinen dem Pharao im Traum sieben fette und sieben magere Kühe, sowie sieben volle, dicke Ähren und sieben dünne, die vom Ostwind versengt waren. Alle Wahrsager und Weisen Ägyptens

Jupiter, Merkur, Saturn, Sol, Venus, Mars und Luna.

In der romanischen Kunst wird die Sieben relativ selten dargestellt, dafür um so mehr in der Gotik und Renaissance. So haben große Kirchenbauten wie St. Etienne in Caën (Abb. 2) oder der Dom in Limburg (Abb. 3) häufig sieben Türme. Sieben Sakramente, sieben Gaben des Heiligen Geistes, sieben Seligpreisungen, sieben Gebetsstunden kennt das Christentum.

Die sieben Haupttugenden, wie sie als Statuen am nördlichen Westportal des Straßburger Münsters (Abb. 4 und 5) stehen, sind Glaube, Liebe und Hoffnung als die theologischen Tugenden und die vier sogenannten Kardinaltugenden Klugheit (Prudentia), Mäßigkeit (Temperantia), Tapferkeit oder Stärke (Fortitudo) und Gerechtigkeit (Justitia). Nun sind es in Straßburg aber acht gotische Gewändefiguren, die alle auf schmerzhaft sich krümmenden Figuren stehen, auf die sie die Lanzenspitze als Zeichen des Sieges der Tugend über das Laster setzen. Bei der ersten Statue von links im rechten Gewände ist lediglich der untere Lanzenteil abgebrochen. Welches mag wohl die achte Tugend sein, die der Bildhauer wegen der Symmetrie benötigte? Vergeblich suchte ich in der Fachliteratur nach einer Deutung, die ich mir von Ihnen, verehrte Leser, erhoffe.

Einfacher hat man es mit den Malereien aus den Jahren 1719 bis 1721 in der Rotunde des Biebricher Schlosses in Wiesbaden. Der italienische Freskomaler Luca Antonio Colomba stellte hier die Künste dar. Seit der Antike verstand man unter den „sieben freien Künsten“ die Grammatik, die Dialektik, die Rhetorik, die Arithmetik, die Geometrie, die Musik und die Astronomie. So werden sie 1565 in Lemgo in Reliefs an der Rathauslaube dargestellt. Im Biebricher Schloß dagegen sind es im Nordosten des Galeriegewölbes die Musik, im Osten die Literatur, im Südosten die Bildhauerei, im Süden die Geographie, im Südwesten die Malerei (Abb. 6), im Westen die Physik, im Nordwesten die Architektur. Diese Definition der Künste kommt der unseren schon sehr viel näher, nur die Geographie und die Physik würden wir heute nicht als Künste, sondern als Naturwissenschaften bezeichnen.

Abb. 4 und 5: Die sieben Haupttugenden am Straßburger Münster/Elsaß, ergänzt durch eine achte Figur.

Abb. 6 und 7: Auch im Biebricher Schloß in Wiesbaden/Hessen mußte ein achtes Feld gefüllt werden.

Überraschend ist, daß Colomba im Nordfeld als achte die Kriegskunst (Abb. 7) in Gestalt eines Putto mit Helm, Lanze und Schwert gemalt hat. Da er den acht tragenden Säulen des runden Festsaals und den acht in den Himmelsrichtungen liegenden Wandfeldern entsprechend auch acht Künste brauchte, wählte er die sonst nicht übliche Kriegskunst. Nun war zwar der Architekt der Rotunde – Maximilian von Welsch – als Hauptmann und Ingenieur 1704 in die Dienste des Mainzer Kurfürsten Lothar Franz von Schönborn eingetreten und brachte es bis zum General der Infanterie. Der Bauherr des Biebricher Schlosses aber – Georg August Samuel von Nassau – war wie seine gesamte Familie alles andere als kriegerisch. Wohl geht seine Erhebung vom Grafen- in den Fürstenstand unter anderem auf seine Teilnahme am Krieg gegen die Türken 1685 bis 1687 zurück, jedoch erfolgte diese ohne eigenes Truppenkontingent und wohl aus sicherer Entfernung zum Kriegsschauplatz. Nennenswerte Kriege haben die Fürsten und späteren Herzöge von Nassau nie geführt, der letzte 1866 gegen Preußen verlief auch weitgehend unblutig und wurde zur Quelle liebevoll-spöttischer Legenden. So soll beim Auszug der nassauischen Armee gegen das nahende preußische Heer der Oberkommandierende den Herzog gefragt haben: „Nehmen wir die Artillerie mit, oder bleibt die Kanone in Wiesbaden?". Als auf dem Schlachtfeld von der einen Seite die Preußen und von der anderen eine Gewitterwolke nahten, soll er das Kommando gegeben haben: „Die nassauische Armee versammle sich dort drüben unter der großen Linde, es gibt gleich einen Regenguß". Deuten wir also die achte Szene in der Rotunde des Biebricher Schlosses mehr als die Kunst, Kriege zu vermeiden, was wohl ganz im Sinn unserer Zeit und die Aufgabe unserer Bundeswehr ist.

Die Sieben aber war uns in der Kindheit in den Märchen begegnet, in den sieben Zwergen hinter den sieben Bergen, den sieben Geislein, den sieben Raben und sieben Schwaben sowie beim tapferen Schneiderlein, das sieben Fliegen auf einen Streich erledigte. Warum gerade die Sieben so häufig in unserem Sprachgebrauch auftritt, bleibt ein Buch mit sieben Siegeln.

Es ist Zeit für die heilige „Zwölf“

Wie die Sieben schon für sich heilig ist, weil sie aus der Addition der heiligen Zahlen 3 (Trinität) und 4 (Evangelien) hervorgegangen ist, so entsteht die Zwölf aus der Multiplikation der 3 mit der 4. Dividiert man die Zwölf durch die Vier, erhält man die Drei – oder umgekehrt. Zwölf ist aber auch durch sechs teilbar. Als Grundzahl im Duodezimalsystem hat sie bereits mathematisch eine besondere Bedeutung. Zwölf Stück nennt man ein Dutzend, im karolingischen Münzsystem hatte ein Schilling zwölf Denare, in Großbritannien bis 1971 ein Schilling zwölf Pence. Deshalb verwundert es nicht, daß die Zahl Zwölf bereits in der Antike Symbolcharakter hatte. So mußte Herkules zwölf Taten vollbringen.

Die symbolträchtige Zwölf kommt auch im kleinasiatisch-ionischen Bund der Zwölfstädte (Dodekapolis) und im Bund der zwölf etruskischen Städte ebenso wie in dem Zwölftafelgesetz (lex duodecim tabularum) genannten ältesten römischen Gesetzgebungswerk aus der Zeit um 451/50 vor Christus zum Ausdruck. Im Alten Testament gibt es

Abb. 1: Die zwölf Apostel am Portal von San Giovanni Fuorcivitas in Pistoia/Italien.

Abb. 2: Die zwölf Lämmer in der Apsis von Sant' Apollinare in Classe in Ravenna/Italien.

die zwölf kleinen Propheten. Aus den zwölf Söhnen Jacobs entspringen die zwölf Stämme Israels. Der Thron Salomons wird von zwölf Löwen flankiert. Im Neuen Testament folgen zwölf Jünger Christus nach, zum letztenmal beim Abendmahl versammelt, wie der Portalsturz an der Südseite von San Giovanni Fuorcivitas in Pistoia dies im zwölften Jahrhundert darstellt (Abb. 1).

Zwölf Apostel wurden zu Pfingsten in alle Welt ausgesandt, um das Evangelium zu verkünden. Im Mosaik der Kuppel des Baptisteriums der Arianer in Ravenna aus dem 6. Jahrhundert umgeben sie die Taufe Christi im Jordan (Abb. 3). Ebenfalls in Ravenna erscheint im Apsismosaik der 549 geweihten Kirche Sant'Apollinare in Classe der Titelheilige Apollinaris zwischen zwölf Lämmern (Abb. 2). Die drei darüber stehenden Lämmer sind auf das Kreuz Christi im blauen Kreis mit 99 Goldsternen bezogen und vertreten die Assistenzfiguren von Petrus, Jacobus und Johannes. Mit den zwölf Lämmern sind, fußend auf Lukas 10, Vers 3, die Apostel gemeint, die bei Matthäus 10, Vers 16 auch durch Tauben symbolisiert werden, wie sie die altchristliche Kunst gelegentlich darstellte. Als Tauben sind sie auf dem Kreuz im Apsismosaik der Oberkirche von St. Clemente in Rom zu sehen (Abb. 4). Den Zwölf Aposteln werden manchmal die zwölf in der Antike als Seherinnen verehrten Sybillen zugeordnet. Der zwölfjährige Jesusknabe folgte seinen Eltern erstmals zum Passahfest in den Tempel von Jerusalem.

Im 21. Kapitel der Offenbarung des Johannes wird in den Versen 10–17 das Himmlische Jerusalem als eine Stadt mit zwölf Toren beschrieben. Darauf stehen zwölf Engel mit den Namen der zwölf Geschlechter Israels. Auf den zwölf Grundsteinen der Stadtmauer stehen die Namen der Zwölf Apostel. Das Maß der quadratischen Stadt wird mit „zwölftausend Feld Wegs“ angegeben, die Höhe der Mauer mit 144, also zwölf mal zwölf Ellen. Rechnet man die 46,75 Meter messende Scheitelhöhe der Gewölbe in der Kathedrale von Beauvais in das Fußmaß von 0,324 Meter um, ergibt dies 144 Fuß, woraus hervorgeht, daß die gotische Kathedrale als Abbild des Himmlischen Jerusalems gedacht war.

Dies ist auch bei den mächtigen romanischen Radleuchtern mit zwölf Toren der Fall. Den Leuchter im Hildesheimer Dom hat Bischof Hezilo zwischen 1055 und 1065 gestiftet. Die zwölf Tore tragen hier die Namen der Apostel, einst trugen sie – wie in der Offenbarung des Johannes beschrieben – je eine Engelsfigur. Einen weiteren Radleuchter gibt es aus der Zeit um 1165 bis 1170 im Aachener Dom, den größten und am besten erhaltenen jedoch in der Klosterkirche von Großkomburg (Abb. 5).

Abb. 3: Die zwölf Apostel in der Kuppel des Bapteriums der Arianer in Ravenna/Italien.

Abb. 4: Apsismosaik in der Oberkirche von St. Clemente in Rom/Italien.

Abb. 5: Der zwölftorige Radleuchter in der Kirche von Großkomburg bei Schwäbisch-Hall/ Baden-Württemberg.

Die Zwölf bestimmt ganz wesentlich unsere Zeiteinteilung: Zwölf Stunden zeigt das Ziffernblatt der Uhr, zweimal zwölf Stunden sind ein Tag, das Jahr hat zwölf Monate, denen wiederum zwölf Tierkreiszeichen zugeordnet sind, wie auf dem Westportal der Kirche Saint-Lazare in Autun (Abb. 6) zu erkennen ist. Es wechselt hier im Bogen über dem Tympanon immer ein Monatsbild mit einem Tierkreiszeichen ab. Auf dem Türsturz unter dem Tympanon mit der berühmten Darstellung des Weltgerichts ist der Bildhauer Gislebertus als Schöpfer der Reliefs genannt, der sie wohl bis zur Übertragung der Reliquien in die neue Kirche 1146 vollendet hat.

Im Kirchenjahr spielen die Zwölf Nächte zwischen der Geburt Christi in der Nacht zum 25. Dezember und dem Dreikönigstag eine Rolle.

Im modernen Sprachgebrauch lebt die Symbolzahl Zwölf im Zwölffingerdarm, dem Zwölfkampf, dem Zwölfender und der von Arthur Schönberg entwickelten Zwölftonmusik weiter. Die Gebrüder Grimm haben in ihre Märchensammlung die zwölf Brüder, die zwölf faulen Knechte und die zwölf Jäger aufgenommen.

„Es ist fünf Minuten vor zwölf", „das hält von zwölf bis Mittag" gehören zu unseren ständigen Redensarten. Sollte ich bei der Zwölf noch etwas vergessen haben?

Abb. 6: Die zwölf Tierkreiszeichen am Westportal von Saint Lazare in Autun/ Frankreich.

Ortsverzeichnis

Aachen 67, 99
Amiens 42
Andlau 75, 79
Arles 24
Arnsburg 59
Arnstein 59
Augsburg 23
Autun 79, 100

Babylon 75
Bad Doberan 36, 48
Bad Dürkheim 63
Bad Gandersheim 23
Bad Hersfeld 31, 32
Bad Sooden-Allendorf 24, 25
Bad Wimpfen im Tal 77
Bautzen 37, 38, 39, 52
Beauvais 42, 44, 99
Bellnhausen 30, 31
Berlin 12
Brandenburg 63, 73
Braunschweig 41, 75
Brixen 58
Büdingen 57
Buxtehude 49

Caën 94
Canterbury 63
Chartres 87
Colmar 64, 65, 66, 68

Danzig 17, 20, 36
Durham 76

Epfig 56
Erfurt 56
Eschwege 88
Estella 72
Ferrara 57

Fidenza 35, 76, 78
Frankenberg 70
Fritzlar 10, 13, 14, 78, 86
Fulda 92

Gadebusch 36
Gdansk 17 *(s. auch Danzig)*
Geismar 14
Gelnhausen 57, 65, 69
Gernrode 37, 38
Gießen 83
Görlitz 12, 83
Goslar 23
Göttingen 22, 23, 90, 91
Granada 75
Greifswald 63
Großkomburg 99
Großen-Linden 81

Haina 57
Hameln 20, 24
Herford 40
Herzhausen 30, 31
Hildesheim 99

Ilbenstadt 75, 80

Jerichow 35, 36
Jerusalem 94

Kolin 51, 70
Köln 44, 47, 88
Königslutter 57, 81
Kuttenberg 51, 70

Landshut 51
Laon 69
Lemgo 95
Lich 59
Limburg 29, 59, 60, 74, 92, 94
Limburg an der Haardt 62, 63
Lorsch 54
Lübeck 19, 35, 36, 41, 42, 45, 46, 47, 48, 49
Lüneburg 12, 20, 49

Magdeburg 66
Mailand 35
Mainz 10
Malmö 49
Marburg 40
Maria Saal 66
Melsungen 10, 11, 12
Metz 67
Michelstadt-Steinbach 54
Modena 35, 76, 81
Monte S. Angelo 76
München 72, 73
Münster 87

Naumburg 50
Neuweiler 65, 66
Niederurff 26
Nördlingen 12

Paderborn 40, 87
Parma 86
Piacenza 57
Pistoia 98
Poitiers 40
Prag 51, 70

Quedlinburg 12, 24, 25, 26, 27
Quimper 46, 47, 49

Ratzeburg 35
Ravenna 98, 99
Regensburg 70
Reims 42
Rom 94, 99
Rostock 48, 91, 93
Rouen 51
Rufach 70

Salzburg 51
Salzwedel 49
San Quirico d'Orcia 69
Santiago de Compostela 34
Schneeberg 51, 57
Schotten 26, 27, 28
Schotten-Eichelsachsen 29
Schwerin 47, 48, 49
Siena 88
St. Gallen 79
Stade 19
Stargard 51
Steffenshagen 81
Steinbach 54
Stralsund 20, 46, 47, 66, 68, 76, 94
Surburg 55, 56

Toledo 34
Tribsees 62, 91

Venedig 78
Vercelli 35
Verden 48, 49
Verona 57
Vietlübbe 36, 62
Virunum 66

Wald-Amorbach 27
Wetzlar 70
Wiesbaden 83, 84, 95, 96
Wiesbaden-Delkenheim 28
Wiesbaden-Naurod 28
Wismar 12, 44, 52
Wolgast 49
Wormditt 87
Worms 56
Wunstorf 77

Literaturverzeichnis

Wie sich eine Stadt im Spaziergang erschließt

Albers, Gerd: Zur Entwicklung der Stadtplanung in Europa. Begegnungen, Einflüsse, Verflechtungen; Braunschweig 1997

Argan, Giullio Carlo: Kunstgeschichte als Stadtgeschichte; München 1989

Blaschke, Karlheinz: Stadtgrundriß und Stadtentwicklung. Forschungen zur Entstehung mitteleuropäischer Städte; Köln 1997

Bookmann, Hartmut: Die Stadt im späten Mittelalter; München 1986

Delfante, Charles: Architekturgeschichte der Stadt von Babylon bis Brasilia; Darmstadt 1999

Engel, Evamaria: Die deutsche Stadt des Mittelalters; München 1993

Goetz, Hans-Werner: Leben im Mittelalter vom 7. bis zum 13. Jahrhundert; München 1986

Kiesow, Gottfried: Gesamtkunstwerk – die Stadt: Zur Geschichte der Stadt vom Mittelalter bis in die Gegenwart; Bonn 1999

Mumford, Lewis: Die Stadt. Geschichte und Ästhetik; 2 Bde, München 1979

Vitruv: Zehn Bücher über Architektur. Bearbeitet. v. Curt Fensterbusch; Darmstadt 1996

Was an Fachwerkfassaden zu entdecken ist

Bindig, Günther: Kleine Kunstgeschichte des deutschen Fachwerkbaus; Darmstadt 1989

Gerner, Manfred: Fachwerk. Entwicklung, Gefüge, Instandsetzung; Stuttgart 1998

Großmann, Georg Ulrich: Der Fachwerkbau. Das historische Fachwerkhaus, seine Entstehung, Farbgebung, Nutzung und Restaurierung; Köln 1986

Großmann, Georg Ulrich: Einführung in die historische Bauforschung; Darmstadt 1993

Großmann, Georg Ulrich: Mittel- und Südhessen; Köln 1995

Hoffmann, Hans-Christoph: Die Lüneburger Heide. Kultur, Geschichte und Landschaft im östlichen Niedersachsen zwischen Elbe und Aller; Köln 1996

Landkreis Göttingen. Bearb. v. Peter F. Laufen; 2 Bde, Hameln 1993-97

Lippert, Hans-Georg: Das Haus in der Stadt und das Haus im Hause. Bau und Wohnformen des 13.–16. Jahrhunderts gezeigt an Beispielen aus Limburg an der Lahn und anderen Städten in Hessen; München 1992

Kiesow, Gottfried: Baukunst in Hessen. Von der Romanik zur Moderne; Hrsg. v. Hessischen Ministerium für Wissenschaft und Kunst, Darmstadt 2000

Welche Einblicke mittelalterliche Kirchen gewähren

Bindig, Günther: Was ist Gotik? Eine Analyse der gotischen Kirchen in Frankreich, England und Deutschland; Darmstadt 2000

Camille, Michael: Die Kunst der Gotik; Köln 1996
Die Kunst der Gotik. Architektur, Skulptur, Malerei. Hrsg. v. Ralf Toman; Köln 1998
Kiesow, Gottfried: Gotik in Hessen; Stuttgart 1998
Kimpel, Dieter; Suckale, Robert: Die gotische Architektur in Frankreich 1130–1270; München 1995
Nußbaum, Norbert: Das gotische Gewölbe. Eine Geschichte seiner Form und Konstruktion; Darmstadt 1999
Petzold, Andreas: Romanische Kunst; Köln 1995
Sauerländer, Willibald: Das Jahrhundert der großen Kathedralen: 1140–1260; München 1990
Schäfke, Werner: Mittelalterliche Backsteinarchitektur. Von Lübeck bis zur Marienburg; Köln 1995

Wie Sie die Steine zum Sprechen bringen

Antike Spolien in der Architektur des Mittelalters und der Renaissance. Hrsg. v. Joachim Poeschke; München 1996
Bauforschung und Denkmalpflege. Umgang mit historischer Bausubstanz. Hrsg. v. Johannes Cramer; Stuttgart 1987
Gerstenberg, Kurt: Die deutschen Baumeisterbildnisse des Mittelalters; Berlin 1966
Koch, Wilfried: Baustilkunde; Gütersloh 1998
Koepf, Hans: Bildwörterbuch der Architektur; Stuttgart 1999
Metternich, Wolfgang: Der Dom zu Limburg an der Lahn; Darmstadt 1994
Putz und Farbigkeit an mittelalterlichen Bauten. Hrsg. v. Hartmut Hofrichter; Stuttgart 1993
Vom Fundament zum Dachgewölbe. Großbauten und ihre Konstruktion von der Antike bis zur Renaissance. Hrsg. v. Robert Mark; Basel 1995

Wie man Tiermotive deuten kann

Der Physiologus: Tiere und ihre Symbolik; Zürich 1992
Gottschalk, Herbert: Lexikon der Mythologie; München 1993
Holzapfel, Otto: Lexikon der abendländlichen Mythologie; Freiburg 1993
Lexikon des Mittelalters. 10 Bde; München 1993 ff.
Preston, Percy: Metzler Lexikon antiker Bildmotive; Stuttgart 1997
Sachs, Hannelore; Badstübner, Ernst; Neumann, Helga: Christliche Ikonographie in Stichworten; Leipzig 1980
Wimmer, Otto: Kennzeichen und Attribute der Heiligen; Innsbruck 1993

Was sich hinter Zahlen verbirgt

Architektur – Struktur – Symbol. Streifzüge durch die Architekturgeschichte von der Antike bis zur Gegenwart. Hrsg. v. Maike Kozok; Imhof, Petersberg 1999
Beigbeder, Oliver: Lexikon der Symbole. Schlüsselbegriffe zur Bildwelt der romanischen Kunst; Würzburg 1998
Biedermann, Hans: Knaurs Lexikon der Symbole; Augsburg 2000
Molsdorf, Wilhelm: Christliche Symbolik der mittelalterlichen Kunst. Nachdruck der Ausgabe von 1926; Graz 1984

Impressum

Redaktion:	Gerlinde Thalheim
Schrift:	Goudy B
Papier:	BVS plus matt, 135 g/m²
Satz:	Satz- und Druckservice Hof, Wachtberg/Bonn
Lithographie:	MOHN Media, Gütersloh
Druck / Bindung:	Kunze & Partner, Mainz
Bildnachweis:	Alle Fotos, die nicht einzeln nachgewiesen werden, stammen vom Autor selbst. Weitere Fotografen: Marie-Luise Preiss, Bonn S. 33, 37 oben; Janos Stekovics, Wettin, S. 50 und 51; Restaurator Josef Weimer, Elz, S. 53, S. 59 oben und Mitte, S. 60 rechts; Lisa Hammel/Florian Monheim, Neuss, S. 85 und 90; Bildarchiv Foto Marburg, S. 86; Dombauarchiv Köln, Matz und Schenk, S. 89.
Verlag:	MONUMENTE Publikationen der Deutschen Stiftung Denkmalschutz Dürenstraße 8, 53173 Bonn, Fax: 02 28 / 9 57 35-28
	4. Auflage 2005 20.–24. Tausend

Die Deutsche Bibliothek – CIP-Einheitsaufnahme

Kiesow, Gottfried:
Kulturgeschichte sehen lernen / Gottfried Kiesow. – Bonn: Dt. Stiftung Denkmalschutz, Monumente Publ. Bd. 2 – 4. Aufl. 20.–24. Tsd. – (2005)

ISBN 3-936942-14-5